これからを生きる君へ

心臓血管外科医
順天堂大学医学部附属順天堂医院院長
天野《あまの》篤《あつし》

毎日新聞出版

これからを生きる君へ

はじめに

私《わたし》は心臓《しんぞう》外科医としてこれまで1万例以上の手術にかかわってきました。

それはつまり、1万人以上の患者《かんじゃ》さんに、自分の命を預けていただいたということになります。よくぞそんなにたくさんの患者さんが、私を信頼《しんらい》してくださったものだと、あらためて感慨《かんがい》深いものがあります。


私は子どものころから、ずっと医師になりたいと思っていました。

小学生のころから比較的成績がよく、当時暮《く》らしていた埼玉県《さいたまけん》でもトップクラスの成績でした。

でも、決してずっと順風満帆《じゅんぷうまんぱん》ではありませんでした。

医学部受験がうまくいかず、予備校に通いながらの浪人《ろうにん》生活。やっと合格し、やがて念願の医師となっても、さまざまな逆境に遭遇《そうぐう》しました。

でも、私はなぜか心が折れたことはありませんでした。

なぜ心が折れなかったのか？

それは知らず知らずのうちに学んだ母の生き方、考え方によるものが大きかったと思います。

どちらかといえば「エリートではない」私でしたが、医師としての研さんを積み、2012年に天皇陛下《てんのうへいか》の心臓手術をさせていただく機会が訪れました。

そんな大事なときはプレッシャーに押《お》しつぶされる人もいるかもしれませんが、不思議と私は冷静に行動し、無事に手術を成功させることができました。

どうしたら心が折れないのか？　ここ一番のとき、どのように振《ふ》る舞《ま》えばよいのか？

これまでの人生を振り返《かえ》り、失敗を繰《く》り返しながら得た「ブレない軸《じく》の作り方」を発信したいと思います。

本書が、みなさんのこれからの生き方の一助となれば幸いです。

目次

第2章　ピンチをチャンスに

第3章　医師として生きる

第1章

子ども時代、中・高時代、浪人《ろうにん》時代の経験

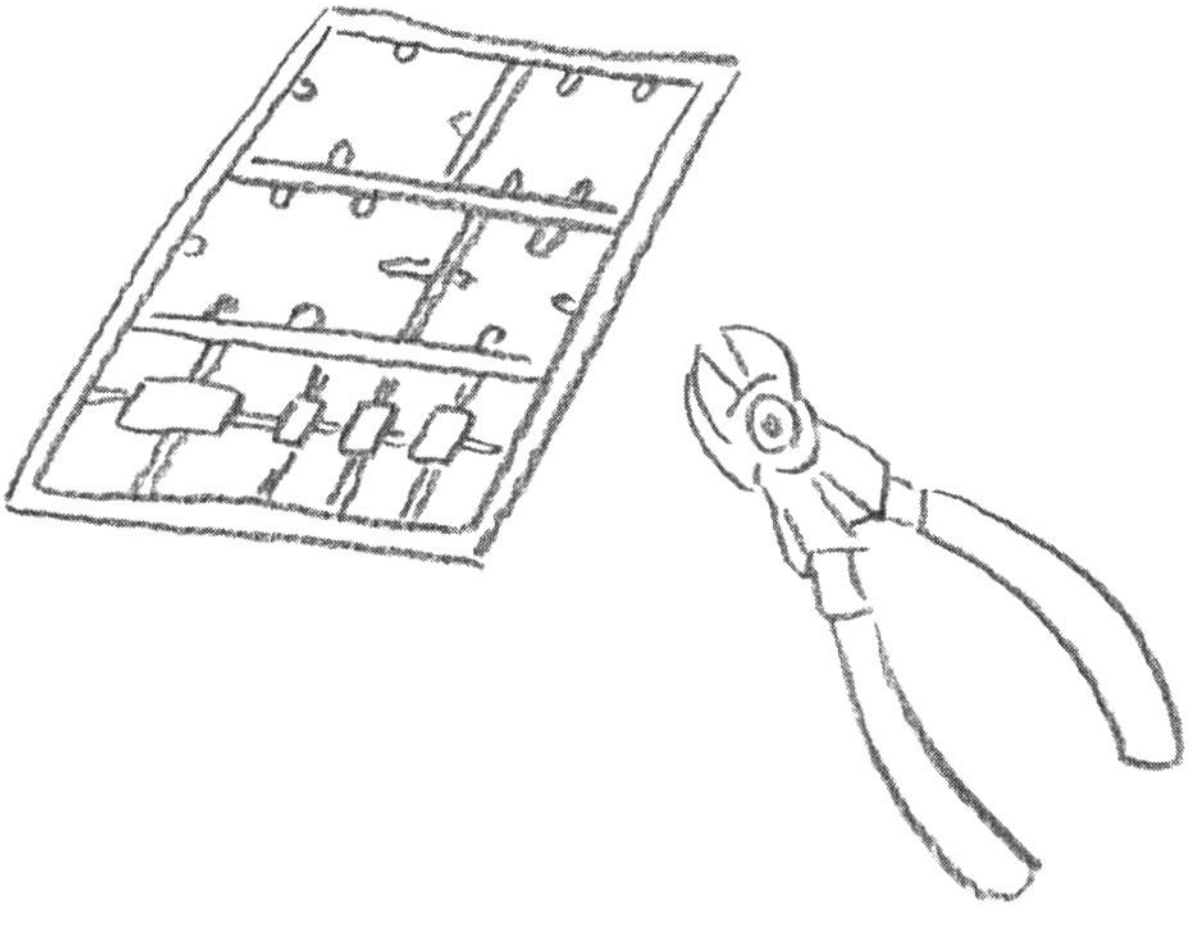

マンガばかり読んでいた子ども時代。「勉強しろ」と言わなかった母

子どものころの私《わたし》にとって、思い出深いのは母親の存在《そんざい》でした。私の母親はとても快活な人でした。ＰＴＡ活動とか、みんなが嫌《いや》がる仕事でも進んでやっていました。

とても字が上手な人でした。今から半世紀も前ですから、もちろん便利なパソコンなどありません。達筆であることが、周りの人たちに対して優位《ゆうい》に立つ一つの方便だったのでしょう。ＰＴＡの仕事で文章を書いたりすることが、ＰＴＡ活動に取り組むモチベーションになっていたと思います。得意の字を書くことで、きっと自分のプライドを保っていたのでしょう。

私には「勉強しろ」とあまり言わない母親でした。

子どものころの私はマンガが大好きで、マンガばかり読んでいました。「少年サンデー」「少年マガジン」「少年キング」「少年チャンピオン」……。その当時、マンガ雑誌《ざっし》が１冊《さつ》60円はしていました。今のお金に換算《かんさん》すると、おそらく２８０円くらいでしょうか。

お気に入りは、ちばてつやさんのマンガ「紫電改《しでんかい》のタカ」でした。太平洋戦争の末期、防空戦で活躍《かつやく》した海軍の戦闘機《せんとうき》「紫電改」に搭乗したパイロットたちを描《えが》いたマンガです。多くの特攻《とっこう》隊員が出撃《しゅつげき》した基地として知られる鹿児島県《かごしまけん》の鹿屋基地《かのやきち》が今でも印象に残っています。

マンガを読みふけっていた私でしたが、母親は文句を言うどころか、私が求めるマンガを惜《お》しまず買ってくれました。本といったら、マンガでも何でもお金を出してくれる人でした。

母親が自分の買い物のためだったと思いますが、東京・銀座《ぎんざ》の百貨店「銀座三越《みつこし》」に連れて行ってくれることがたびたびありました。傷痍《しょうい》軍人さんが百貨店の前に立ち、ハーモニカなどを使って演奏《えんそう》しながら喜捨《きしゃ》を乞《こ》うていたのが思い出されます。昭和30年代後半ごろでしょうか。まだ戦争の影《かげ》が残っていた時代でした。

特に楽しみだったのは、オムライスやハンバーグなど、いろいろなメニューのあったレストランです。母親と一緒《いっしょ》に行って、ホットケーキを食べるのが何より好きでした。百貨店での買い物が終わると、当時チョコレート色だった国鉄（現・JR）京浜東北線の電車に乗って埼玉《さいたま》の自宅《じたく》に帰ります。

母親もとても疲《つか》れていたと思うのですが、満員電車で席が空くと、自分は座《すわ》らず、真っ先に私を座らせてくれました。

ただ私には、母親のこうした態度に、どこか違和感《いわかん》を覚えました。

母親は、子どもかわいさから私のために席を取ってくれていたのだと思うのです。しかし、立ったまま疲れた様子を見せる母親の姿《すがた》を見ていて、かえって大人が座って疲れを癒《い》やすことのほうこそ、大事なんじゃないかと思うようになったのです。

だからでしょうか。私は自分の子どもには、電車に一緒に乗っても、席がガラガラに空いているとき以外、座らせることはしませんでした。子どもたちに対し、「立っていなさい」と厳《きび》しくしつけてきました。

母親の教育方針《ほうしん》に少し抗《あらが》いながら生きてきました。今振《ふ》り返《かえ》ってみると、自我《じが》が少しばかり強かったように思います。

人に危険《きけん》なことはしない、迷惑《めいわく》をかけない。それを学んだ小学生時代

小学校は、地元の埼玉県《さいたまけん》蓮田市立《はすだしりつ》蓮田南小学校《はすだみなみしょうがっこう》に通いました。当時は、思ったことは何でも行動に移すような子どもだったと思います。勉強に関しては、学校の教科書に書かれてある内容なら、教科書を1回読めばほとんど理解でき、頭の中に入りました。集中力があったのは、大好きだったマンガに鍛《きた》えられたためでしょうか。

テストの勉強はほとんど何もしなくても問題ありませんでした。先生が出す問題は理解できていましたし、テストをやってもクラスで一番が取れていました。

6年生のとき、埼玉県の小学生が参加するテストが行われたことがありました。私《わたし》は中学受験当日だったので受けられなかったのですが、その翌日《よくじつ》に同じ問題を解いてみたところ、埼玉県内で2番目にいい出来だったと知らされました。

テストの問題を解くスピードも、他の子たちと比べてかなり速かったと思います。

子どものころは背が高いほうだったので、座《すわ》る席も最後列か、その前列と後ろのほうでした。午後になると教室が暗くなり、近視が進んでいたので、黒板の文字が見えづらくなります。たまたま隣《となり》にいたクラスメイトの女の子は目がよく、彼女《かのじょ》がノートに写した問題を、私が自分のノートに写してから解いていました。それでも、クラスで一番早くできていたと思います。

母親は「勉強しろ」とあまり言いませんでしたが、私が小学3年生のときにカラー刷りの百科事典を買ってくれました。百科事典は全《ぜん》8冊《さつ》で、わざわざ本棚《ほんだな》まで購入《こうにゅう》して応接室に置いてくれました。勉強はしなかったのですが、この百科事典は本当によく見ていました。物事の原点を追究するようになったのは、このように百科事典が大好きで、飽きずに何度もよく読んだからでしょう。

小学生のころは、プラモデル作りも夢中になりました。主に、戦闘機《せんとうき》とか戦車を作っていました。街頭で喜捨《きしゃ》を求める傷痍《しょうい》軍人の方たちを見かけるなど、戦争の影がまだ残っていた時代だったからでしょうか。プラモデルも戦争に関係したものが多かったのです。

今のように専用《せんよう》の工具がなかったので、ハサミやカッター、ナイフなどを自分なりに工夫して作っていました。手先が器用になったのも、プラモデル作りのおかげかもしれません。

学校で使う鉛筆《えんぴつ》も、ナイフを使って自分で削《けず》っていました。そうすることで、刃物は人に向けるのではなく、自分の側に向けなければならないことを知りました。どのくらいまで力を入れると危ないか、危なくないか、その加減もわかるようになったのです。

ちょっとしたことではありますが、子ども時代のこうした実体験を通して、人に対して危険《きけん》なことはしない、迷惑《めいわく》をかけないという当たり前の「常識」が自然に身に着いたのだと思います。

「これをやらないと次に行けないぞ」。自分にノルマを課した中学時代

中学は埼玉《さいたま》大学《だいがく》教育《きょういく》学部附属《ふぞく》中学校《ちゅうがっこう》に進学しました。埼玉県《けん》のよくできる子どもたちばかりが通う進学校でしたが、入学してからはじめて受けた試験では、２００人いた全校生徒の中で13番と好成績でした。

しかし、それでつい安心してしまったのでしょう。小学生のころと同じように、勉強をほとんどしなかったため、徐々《じょじょ》に試験の成績も下降《かこう》線をたどるようになったのです。

中学になると英語など、小学校で習わなかった科目も学ぶようになりました。ひたすら覚えなければならない暗記勉強も増えていきます。単純《たんじゅん》に覚

えなければならない分野は、どちらかというと苦手でした。面倒《めんどう》だったので、つい後回しにしがちでした。

ようやく、勉強するクセが着いたのは、学校の定期試験を受けるようになったころからです。ただし、試験日の2〜3日くらい前から勉強する程度でしたが、それでも効果があったのでしょう。それ以降《いこう》、試験の成績もそれほど落ちることがなくなりました。

今振《ふ》り返《かえ》ってみると、受験に勝つために身に着けておくといい習慣が二つあります。

一つは、座《すわ》ったらすぐに勉強することです。

何かを食べたり、スマートフォンや携帯《けいたい》電話で友だちからメールやＬＩＮＥのメッセージが来ていないかチェックしたりしてはいけません。やりたければ、勉強が終わってからとりかかるべきです。とにかく、すぐにとりかかる習慣を身に着けることが、勉強を上達させるうえでとても大切なのです。

もう一つは、苦手な教科からやることです。苦手なことは苦痛《くつう》だし、なかなか頭の中に入ってきません。私のように苦手科目を避《さ》ければ、ますますやらなくなってしまいます。それではいつまでたっても上達なんかしません。だからこそ苦手科目はまず最初《さいしょ》にやることが肝心《かんじん》なのです。

苦手な教科を避けることなく、確実に勉強するようになるためにも、「これをやらないと次に行けないぞ」みたいな、何かノルマを自分に課すといいでしょう。

今まで述べたことをまとめると、受験にとって大切なのは、「すぐやる」「まずやる」という二つのキーワードに集約されます。この二つをよくよく覚え、実践《じっせん》してみてください。

もちろん、これは受験に限った話ではありません。

今の私《わたし》の仕事でいえば、手術室に行き、患者《かんじゃ》さんの資料に目を通し、１分くらいですぐに手術に入ります。迷わずすぐに入ったほうが、手術の結果もいいですし、手術で後戻《あともど》りすることも少ないです。結局、人から認《みと》められるようになったのは、すぐに手術に入るようになったからだと思います。最初にパッとひらめいたことを、とにかくどんどんやっていく、表現していくことがとても大事なのです。

話を戻します。中学は進学校だったので、周りには自分でも認《みと》めざるを得《え》ないくらいできる子とか、生徒たちをまとめるのが上手なリーダーシップを発揮《はっき》する子とかがいました。

ただ、そういう子たちと張り合っても仕方がありません。群れないというか、我《わ》が道を行かなければと思いつつ、中学の時代をひたすら過ごしてきたのです。

スポーツに夢中になり、挫折《ざせつ》を重ね、友人の死を体験した高校時代

高校は、埼玉県立浦和高等学校《さいたまけんりつうらわこうとうがっこう》に進学したのですが、あっという間に時が過ぎたという感覚があります。

学校の裏《うら》にあった「幸楽《こうらく》」という中華《ちゅうか》料理店の2階が、仲間たちのたまり場でした。マンガを読んだり、談笑したり、中華料理を食べたり。先生もその店によく食べに来ていたので、2階に生徒が上がって行くのを見て、不思議に思っていたことでしょう。

高校時代は勉強よりも、どちらかといえばスポーツに夢中になっていました。

まず、没頭《ぼっとう》したのはスキーです。中学のころまで水泳をやっていたので、春から夏にかけてスイミングスクールで子どもたちに水泳を教えるアルバイトをしてお金をため、冬になるとためたお金を使って1カ月くらいスキーに出かけるのです。

スキーの魅力《みりょく》は、何といってもスピードです。動力を使わず、自らの技術だけで最高のスピードを出せるところにあります。正面から受ける空気の抵抗《ていこう》を減らすための特殊《とくしゅ》な形をしたヘルメットやスーツを身に着ければ、最高速度は200キロ以上も出ます。もちろん、そこに達するにはプロ並《な》みの技がなければならないのですが、身一つだけで新幹線と競い合えるくらいのスピードを体験できるのです。

私《わたし》も山に行って、直滑降《ちょっかっこう》でどれだけ恐怖《きょうふ》を我慢《がまん》してスピードが出せるか繰《く》り返《かえ》し練習しました。人間の能力の限界というものに少しでも触《ふ》れてみたかったのです。

当時、周りにスキーをしていた人は誰《だれ》もいませんでした。ただ、私の両親は新しいものに対しとても理解があり、寛容《かんよう》だったので、反対したこともありませんでした。

一時は本気でプロスキーヤーになろうと考えていたくらいのめりこみました。「プロになったら好きなことが一生できる」。そんなふうに考えたときもありました。

しかし、冷静になって考えてみると、それほど裕福《ゆうふく》でない我《わ》が家の家計では、スキーだけではとても食べていけないことに気づき、プロへの道を断念したのです。

さらに、建築家になりたいと思った時期もあります。東京オリンピックや大阪《おおさか》万博などをへて、東京や大阪など都会に大きな建物がどんどんできた時代でした。著名《ちょめい》な建築家の丹下健三《たんげけんぞう》氏や、新進気鋭《きえい》の黒川紀章《くろかわきしょう》氏が出てきて、あこがれたのです。ただ、デッサンがあまりうまくなく、思った通りに描《えが》けないと悟《さと》り、こちらもあきらめました。

一方、成績は試験のたびにどんどん落ちていき、挫折《ざせつ》もいっぱい重ねました。そんなとき、友人の死に遭遇《そうぐう》したのです。昨日まで一緒に楽しくやっていた友人が、ある日突然《とつぜん》いなくなるという事実は、青春期の私にとってとても衝撃《しょうげき》でした。

私が毎日をひたむきに生きているのも、友人の死の経験がどこか影響しているのかもしれません。

3回の浪人《ろうにん》生活で学んだのは、絶対にあきらめないこと

医師になることを目指し、大学は医学部を受験しましたが、なかなか合格することができませんでした。

1度目の受験に失敗した後、東京都文京区大塚《おおつか》にあった準大手の予備校に入りました。はじめての浪人《ろうにん》生活とあって不安もありましたが、いざ試験を受けてみるとかなりいい成績がとれてしまったためつい安心してしまい、好きだったマージャン三昧《ざんまい》の生活を送るようになったのです。

今にして思えば、これがよくありませんでした。準大手クラスの予備校でいくらいい成績をとっても、大手の予備校まで含《ふく》めた全体でみればたいしした

ことではありません。まさに「井《い》の中の蛙《かわず》」のようなものでした。当然の帰結でしょう。翌年《よくねん》、受けた医学部は全部落ちてしまいました。

2度目の受験に失敗してからは大手の予備校に入ったのですが、一向に身が入りませんでした。

2度目の予備校生のときは、午前に授業を受け、午後は東京・上野のパチンコ店に入《い》り浸《びた》っていました。3度目の予備校生のときはさすがにまずいと思いましたが、それでも授業が終わると好きだったパチンコをしていました。一時はパチンコのプロになろうと真剣《しんけん》に考えていたくらい腕前が上達したのです。

ただ、パチンコには持久力を鍛《きた》えられました。玉の出方にも一種の「流れ」みたいなものがあります。どんなに出る台でも、必ず出なくなるスランプみたいなものがあります。

そのスランプさえ乗《の》り越《こ》えれば、また出るようになるのです。柔道《じゅうどう》の格言のように、「引かば押《お》せ」「押さば引け」です。

生きていれば、いいこともあれば、悪いこともある。決して悪いことばかりではないはずなのです。パチンコをやっていて、そんな人生訓を学ばせてもらった気がします。

3度も受験に失敗すると、医学部を目指すのをやめる人は少なくないと思いますが、私は逆でした。医学部にでも入らないと、とてもかっこがつきませんでした。

中学受験までは順調だったのに、高校受験では第1志望に合格できませんでした。高校では古文や漢文を落として、ぎりぎりで卒業させてもらいました。たくさんの挫折《ざせつ》を経験したことで、与えられた課題に対し、少しずつ努力するクセのようなものが身に着いた気がします。

ただ、失敗して、失敗して、結果がうまく出なくても、思った通りいかなくても、絶対にあきらめないでください。私のように何度もチャレンジしてほしいと思っています。

自分が得意だと思うことを続けて、希望に向かって一歩ずつ歩んでいけば、いつかかなうはずです。浪人時代、私はそう信じて過ごしてきましたし、そうやったからこそ高い壁《かべ》を突《つ》き破《やぶ》ることができたのです。

「課せられた責任《せきにん》を果たしているか?」。自問自答した新人のころ

医学部に入学したとき、両親はとても喜んでくれました。ただ、私立《しりつ》大学だったので、入学金は決して安くありません。入学した1976年当時でも、入学金や寄付金などにかなりの用意が必要でした。それでも父は、会社から退職金を前借りしてまでして、払《はら》ってくれたのです。

苦労して医学部に入学したのですが、医師になるための入り口に立ったからには、「絶対に自分のものにして医師になるぞ」という気概《きがい》を持っていました。負けず嫌《ぎら》いだったこともあります。

特に、今の若《わか》い人たちにも、そんな気概を持ってもらいたいと思っています。失敗を恐《おそ》れず、ぶつかってほしいのです。昔よりも今のほうが、はるかにやり直しがきくはずです。

今の時代、全体主義といいますか、「みんなと同じ考え方であればよい」みたいな風潮《ふうちょう》が広がっているような気がして、心配しています。他のみんなに同調ばかりして、その陰《かげ》でズルをするような人間には決してなってほしくないと思います。

「自分は課せられた責任を果たしているか」。医学部生のとき、そんなことをいつも自問自答していました。

大学医学部で学ぶことは、そのまま医師になることへと直結しています。だからこそ、医師として成長できると思うことは何でもやりました。少しでも時間に余裕《よゆう》があれば、手技がうまくなれるよう結索《けっさく》（糸結び）の練習をしたりしたものです。

医師になるために全力を注いだせいでしょうか。実践的《じっせんてき》だった医師国家試験の勉強は好きでした。朝から晩《ばん》まで勉強をしていても、全然飽《あ》きませんでした。特に臨床《りんしょう》に関する問題は、自分が患者《かんじゃ》さんを治しているという感覚が持てたので、とても気合が入りました。

今にして思えば、これだけ集中して勉強できていれば、もっと早く医学部に入学できていたのかもしれません。やはり、情熱を持って事に当たることが大切なのだと思います。

医師としてまだ新人のころ、千葉県の房総半島《ぼうそうはんとう》の先端《せんたん》に近い鴨川市《かもがわし》の亀田《かめだ》総合病院《そうごうびょういん》で修業を積みました。

米国に留学した有名な心臓《しんぞう》外科医もいて、まさにこの分野の先端《せんたん》を突《つ》っ走っていると映《うつ》ったからです。

そこでは物事を一元的にとらえる考え方を学びました。病気というのは、二つの事象が同時に起こるのではなく、根っこの部分は一つだということです。原点を探《さが》しに行くという自分の考え方と合っていたため、自然に受け入れることができました。

私《わたし》の上司は大変優秀《ゆうしゅう》な心臓外科医でした。ただ、私も研さんを積むに従《したが》い、手術の腕《うで》も上達していったため、手術の方針《ほうしん》などを巡《めぐ》って上司と衝突《しょうとつ》することが少しずつ増えていきました。しかし、上司と意見が合わないからといって決して逃《に》げたりはしませんでした。

「どんなに優《すぐ》れた医師の教育も、目指すべき到達《とうたつ》点ではなく、成長するための通過点にすぎない」。若かったこともありますが、そんな気構えでぶつかっていったのです。

第2章

ピンチをチャンスに

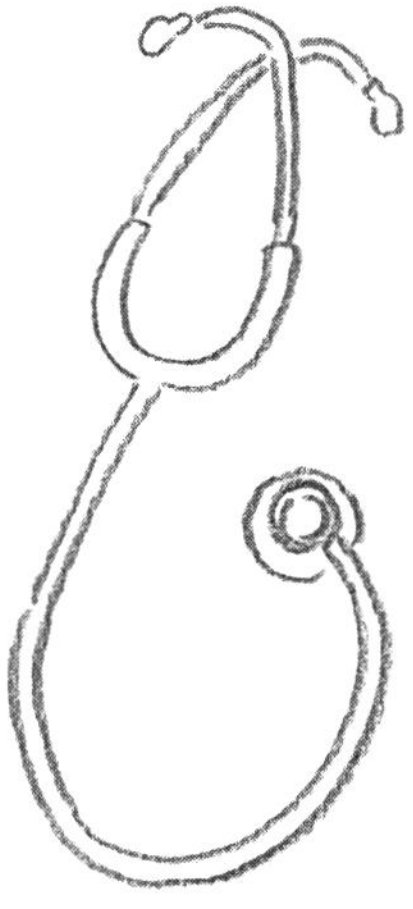

父の死に直面して知ったこと。「父は今でも心の中で生き続けている」

私《わたし》が心臓《しんぞう》外科医を志すうえで、父の存在《そんざい》は大きかったと思います。

父は「心臓弁膜症《べんまくしょう》」という病気を患《わずら》っていました。

心臓は全身に血液を送る重要なポンプの役割《やくわり》を持つ臓器《ぞうき》で、左心室と左心《しん》房《ぼう》、右心室と右心房の計四つの部屋に分かれています。弁はそれぞれ室と房の間にあって、部屋を仕切るドアのような役割《やくわり》を果たしています。父はこの弁が正常に働かなくなり、心臓のポンプとしての機能に支障《ししょう》をきたしていました。

このため、心臓手術を計3回行いました。1回目の手術では、悪くなった心臓の弁を人工のものと取《と》り替《か》えました。2回目は、年月とともに劣化《れっか》した人工弁を交換《こうかん》する手術。3回目は、2回目の手術で取り付けた人工弁が心臓に適合せず、4年後に行った再手術です。

心臓病のため具合がかなり悪かった父ですが、最初の手術で劇的《げきてき》に回復するのを目《ま》の当たりにして、心臓手術のすごさを実感しました。

たとえば、病状が進行した胃がんの患者《かんじゃ》さんではこうはいきません。手術をして胃をすべて取り除《のぞ》けば救うことができますが、消化器としての機能はかなり落ちてしまいます。がんの治療は重症《じゅうしょう》な人ほど発見が遅いため手遅《ておく》れになりがちです。逆に、心臓病は重症な人ほど治療後は元気になる――そんな印象があります。

子どものころ、心臓の具合の悪かった父を見て、「いつか自分の手で父を治してあげたい」と思っていました。医学部を出て、心臓外科医を目指したのも、そんな父の影響《えいきょう》があったのは確かです。

1回目の手術で回復した父でしたが、3回目の手術ではトラブルが続き、最終的に命を落としました。私は手術に立ち会って一部始終を見ていただけに、「なぜ父を救ってあげることができなかったのか」と、自分を責《せ》めました。亡《な》くなった父を自宅《じたく》に連れて帰ったその晩《ばん》、父の横に布団《ふとん》を敷《し》いて一緒《いっしょ》に寝《ね》ました。「生き返《かえ》ってほしい」。そんな思いで寄《よ》り添《そ》っていましたが、父の身体は冷たいままでした。

父の死によって、心臓外科医としての「覚悟《かくご》」が定まったような気がします。父の2回目と3回目の手術を決めたのは私でした。当時、心臓外科医の道を歩み始めていて、最善《さいぜん》の選択《せんたく》をしたはずなのに、最悪の結果を招いてしまったのです。私自身、手術には直接携《たずさ》わらなかったのですが、父の死は自分にも責任があると考えました。

ただ、父は自らの命をもって、心臓外科医としてやってはいけないことを示してくれたと受け止めました。父の死を無駄《むだ》にしないためにも、多くの心臓病の患者さんを救うことが課せられた使命だと、私は自分に言い聞かせたのです。

昔、父の心臓に埋《う》めこまれていた人工弁を今も大切に持っています。父から得た心臓外科医としての教訓を忘《わす》れないためにも。

「負けるわけにはいかない」

そう、父は今でも私の心の中で生き続けているのです。

最大のピンチが訪れたときこそ、その次にチャンスがやってくる

逆境に直面すれば、誰《だれ》しも緊張《きんちょう》から汗が出たり、手がふるえたりします。ひどいと心が折れたりもしますが、私《わたし》の場合、それがありません。

母親もそうだったので、おそらく母親から受《う》け継《つ》いだ「体質」なのでしょう。心臓《しんぞう》外科医となった今では、とても感謝しています。

また、逆境になればなるほど冷静になれます。他の人が見えていないものが見えるような、高いところから俯瞰《ふかん》している感じになれるのです。

日常の体験でいうと、たとえば電車が急ブレーキをかけるときがあります。乗客はみんな一瞬《いっしゅん》でつんのめりますが、私はすぐに何かにつかまろうとは

しません。

少なくとも、感覚としてはそうです。流れに身を任せ、スピードが緩《ゆる》んだときにつかまるところが自然と見えてくるのです。危機《きき》に陥《おちい》ると俯瞰できるというのは、そういう意味です。

なぜそんなことができるようになったかと言えば、おそらく私の経験が関係していると思います。

子どものころは、勉強が得意だったためか、あまり失敗した経験がありませんでした。ところが、大学受験を機にマイナスの体験を重ねるようになりました。

「なぜ自分だけが……」。そんなふうに思えるようなことが連続したのですが、振《ふ》り返《かえ》れば、命を取られるほどひどい体験でもありませんでした。突《つ》き詰《つ》めて考えてみると、結局、自分が悪いということがよく理解でき、納得《なっとく》できたのです。

あらゆる問題は、自分自身の問題なのだと。人に頼《たよ》ったり、人のせいにしたりするのでなく、すべて自分で解決しなければならない。そう思えるようになったのです。

次が待っているという使命感が先に立てば、心は決して折れません。やはり、若《わか》い人には逆境に負けてほしくないと思います。つらくても生きてほしい、心の底からそう願っています。

死んだら「無」です。おしまいです。私の父が亡《な》くなり、火葬《かそう》されて骨《ほね》だけになったとき、そう思いました。

上司とうまくいかなくなり、いよいよ勤《つと》めていた病院を去るとき、お世話になった病院を経営する理事長が私にかけてくれた言葉をみなさんにも贈りましょう。

「最大のピンチと思ったときこそ、その次がチャンスなんだ」

患者《かんじゃ》さんの役に立つ医師になる。そう思えたのは祖父のおかげ

大学受験で失敗を繰《く》り返《かえ》しましたが、私《わたし》ほど医者に向く人間はいないと本気で思っていました。当時は、医者が一人もいないへき地での医療《いりょう》問題が出てきたころです。「自分は医者になったら絶対、弱い人の役に立つ」「へき地に行って無医村をなくそう」。そう真剣《しんけん》に考えていました。おそらく、私の祖父・天野重太郎《あまのじゅうたろう》の影響だと思います。

祖父は、あの徳川家康《とくがわいえやす》を輩出した愛知県三河《あいちけんみかわ》地方の岡崎《おかざき》市出身でした。私が遊びに行くと、「自分の身が焦《こ》げても、人の役に立ちたい」と、繰り返し話していました。三河魂《たましい》とでもいうのでしょうか。

関東大震災《だいしんさい》の前年に上京して東京・神田に住んでいました。それが、関東大震災で大勢の人たちが周りで亡《な》くなったため、自分の財産を投げうって、知人かどうかの区別なく、供養《くよう》してあげたそうです。私が患者《かんじゃ》さんの役に立つ医師に絶対になれるという確信みたいなものを持てたのも、きっと祖父のおかげです。医師になる情熱は誰《だれ》にも負けていないつもりでいました。

医師を育てるためには、多額の税金が投入されています。国立大学だけでなく、私立大学でもそうです。医師一人を育成するのに少なくとも1億円はかかっているでしょう。

私は商売人の子ですから、己《おのれ》が暴利をむさぼれば、いつか破綻《はたん》することを肌《はだ》感覚で知っています。商売の極意は、「相手を確実に生かしながら、自分も利益を得る」ことなのです。

医師として成長するためには、患者さんの役に立たなければなりません。

人のために一肌脱《ひとはだぬ》げば、自分にとってもプラスになるという手ごたえは確かにあります。医学部に入って思ったことは、大学入試で落ちた人たちのことです。私は3度受験に失敗した後、入学できたのですが、私が入ったそのかげで、入学できず、涙《なみだ》をのんだ人がいるという事実です。

「自分よりも、もっと医師になりたいと思っている人が、切《き》り捨《す》てられているかもしれない」。そう思うと、いたたまれなくなります。実際、私も浪人《ろうにん》生活をしていた3年間、「なぜ、こんなに患者さんのために役に立ちたいと思っている人間を大学は取ってくれないんだ」という思いがありました。

入りたくも入れなかった仲間たちの思いも全部、自分は背負《せお》っている、背負わなければならないという使命感を持ちながら、勉学に臨《のぞ》みました。医師としてスタートラインに立ったときも、道半ばであきらめていった彼《かれ》ら、彼女《かのじょ》らの切実な思いをすべて背負って生きていこうと決意したのです。

子どものころ、よく読んだマンガに「鉄人28号」がありました。「鉄人28号」とは、第二次世界大戦末期に日本軍が起死回生を図り製造したロボットです。戦後、主人公の少年がこのロボットを操り、犯罪者や敵のロボットをやっつけるというストーリーですが、あるとき、悪者が正義の味方に変わります。

浪人生というネガティブだった自分という存在が、医師への登竜門《とうりゅうもん》である医学生というプラスの存在に変わる。それに近い気がします。

振《ふ》り返《かえ》ってみると、個人が「生きる」というのは、自分の行動に責任《せきにん》を果たすということだと思います。それが最もできる職業の一つが医師ではないでしょうか。

「苦しんでいる人を助ける職業」「誰《だれ》でもなれるものではない」。そう言って医師を称賛《しょうさん》する人もいますが、当の本人たちはそんなふうに思っていません。

誰かがやらなければならないという使命感、好きだからやっているのです。

できるのに、いつまでたってもやらない。そんな人は尊敬《そんけい》されない

私《わたし》は、どちらかというと心が強いほうだと思います。後に引けない場面を自ら作り、取り組んできました。

もちろん、体をかわして逃《に》げてしまうことだってできます。でも、逃げずに、がっぷり四つに組むのが好きな性格なのです。

おそらく、すべての人にいい顔《かお》をして助けようとしても、うまくいくことはないでしょう。だから私は、自分のプライドを保ちながら、助けるべき人を、これまで助けてきたように思います。

自分の本当の目的を完遂《かんすい》するために、「無念の涙《なみだ》をのんで中止」みたいな

ことは、絶対にしたくありませんでした。やはり、ぶつかるところはぶつかるべきなのです。

子どものころ、いじめられている子がいれば、助ける側に回っていました。ただ、それほど優良《ゆうりょう》な学童でもありませんでした。

おそらく、本当に必要なときに人の役に立てなかったという思いが、いつまでも心の中に残っていたのでしょう。だから、医師になって患者《かんじゃ》さんを助けるというか、助けなければならないという思いにつながっているのかもしれません。

街頭で、小・中学生たちが募金《ぼきん》活動を一生懸命《いっしょうけんめい》しているのを見かけることがあります。そんな姿を見て、私も少しでも役に立とうと募金したくなるのですが、なかなかできないのです。

ポケットにある小銭でも募金すれば、彼らは「ありがとうございます」と大きな声でお礼を言うでしょう。でも、私はそれが簡単にはできないのです。「ただ喜ばせるだけでいいのか」「本当に助けないといけないことは、もっと違《ちが》うところにあるのではないか」。そんなふうに考えてしまうからで、子どもたちが募金活動している場を素通りしてしまうのです。

もちろん、本当は何かしなければならないと思っているのです。心の中では「ごめんなさい」「ごめんなさい」と何度も謝ったりしています。

そんな「すまない」という思いがいくつも積み重なると、いつか大きな募金をしようと思うようになるのです。うしろめたさというか、後悔《こうかい》の念が私の背中《せなか》を押《お》してくれるのです。

そう、私はそんなネガティブな思考がいつまでも心に残っている人間なのです。

ただ、医師として成長し、心臓《しんぞう》を患《わずら》った天皇陛下《てんのうへいか》の執刀《しっとう》を任されるまでになった今の自分は、大きなお返しができるようになりました。できるのに、いつまでたってもやらない。行動に移さない。そんな人間であれば、尊敬《そんけい》されるはずもないのです。

痛《いた》み、病気で苦しんでいる患者《かんじゃ》さんを何とかしてあげたい

人間は、ある種の「後ろめたさ」を抱《かか》えながら生きていくことが大事です。
昔、ある知人に「先生の生き方は贖罪《しょくざい》的ですね」と言われたことがあります。男の生き方の美学とでも言いましょうか。

たとえて言えば、梶原一騎《かじわらいっき》さんの原作マンガ「巨人《きょじん》の星」で、主人公の星飛雄馬《ひゅうま》が使う大リーグボール養成ギプスみたいなものです。大リーグボール養成ギプスが取れ、豪《ごう》速球を投げられるようになった星が、打たれた後にまたギプスを身に着け練習に励《はげ》むようなものです。

こういう生き方は、かなりつらいことなのです。

もちろん、みんながこんなことをする必要はありません。つらいことが多く、自分でも損な性格だと思います。

でも、そんな生き方を貫《つらぬ》く人間が、世の中に1人でもいたっていいのではないでしょうか。少しでも後世の人たちの役に立てられれば、それだけでいいのです。

少し古くさい文化だと思われ、世間から投《な》げ捨《す》てられてもかまわないと思っています。それでもいいのです。

自分たちが踏《ふ》み台《だい》になれば、さらにその上を行ける人が生まれるわけです。せっかくやるなら、できるだけ高いところに行けるような踏み台になってやりたいと思っています。

自らの屍《しかばね》を乗《の》り越《こ》えていってほしい。そんな心境なのです。

勇気がなければ、医療《いりょう》は進歩しません。医師も成長することなどないのです。

医師は、目の前で苦しんでいる患者《かんじゃ》さんを救いながら、大きな目的にも向かっていかなければなりません。患者さんを救いたいものの、結果として患者さんを置き去りにしてしまったケースも、これまでゼロだったとは言いません。

「もっと何かできたのではないだろうか」「どうして患者さんがひどくなるまで、何もできなかったのか」。そんなふうに、後悔《こうかい》にさいなまれることだってあります。

それでも何とかしたいのです。痛《いた》みとか、病気で苦しんでいる患者さんを何とかしてあげたい。そんな思いで、一途《いちず》に医療に取り組んできたと思います。

たとえば病棟《びょうとう》で患者さんが急変し、不幸にして亡《な》くなられたとき、私は冷静に対処《たいしょ》します。同じ経験を二度としないよう、「どこが問題でおかしくなったのか。きちんと突《つ》き止《と》めなさい」と部下に指示するのです。しかし、患者さんが事なきを得たときは違《ちが》います。部下に対し、「なぜ見逃《みのが》したのか」と原因を最後まで究明《きゅうめい》します。

起きた問題を冷静に俯瞰《ふかん》して見られる能力と、その問題の真相をとことん究明する能力が、医師には不可欠なのです。

それこそ、あるべき医療の姿です。

そんな使い分けができる後輩《こうはい》の医師をこれからも育てていかなければならないと思っています。

第3章

医師として生きる

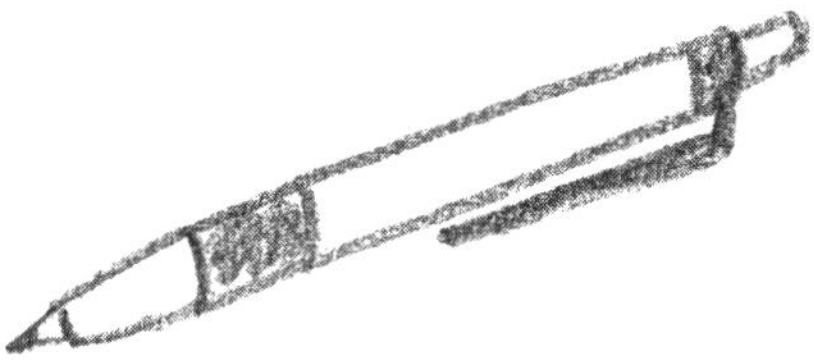

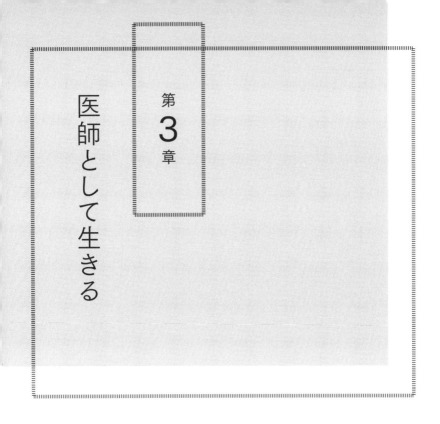

いつか手術をしたことすら忘れてもらえる日がくるために

私《わたし》がはじめて心臓《しんぞう》手術を執刀《しっとう》してから経験した手術数はすでに1万例以上です。

自分の執刀ではないものの管理面などで接した患者《かんじゃ》さんも含めるともっと多くの回数を数えます。

振《ふ》り返《かえ》ってみると、本当に多くの患者さんに私は命を預けられたものだと身震《みぶる》いします。そしてそのことに心から感謝しています。

期待以上に健康を回復された方も多い半面、少ないながらも手術をきっかけに健康状態が悪化した方、亡くなられた方もいます。

みなさんは、外科では何でも手術で治そうとしていると考えるかもしれませんが、外科医の仕事は手術だけではありません。

患者さんにとって本当に手術が必要か、予定される手術に耐《た》えられる状態かを専門家として検討することも外科医の仕事です。

特に、75歳《さい》以上の高齢者《こうれいしゃ》では体力が低下するので、心臓手術という「人生の一大事業」に耐えられるかどうかを判断しなければなりません。

現在は多くの症例《しょうれい》から検証された手術の危険《きけん》性を客観的に示すものさしの一種「リスクスコア」が進歩しています。それによって、危険性が高いと判断されても手術しか選択肢《せんたくし》がない場合は、体力・気力・意欲を向上させるためのリハビリを手術前に計画しておくことも外科医の仕事です。

しかし、いよいよ手術となれば、外科医は慎重《しんちょう》かつ大胆《だいたん》にメスを振るいます。術前の診断《しんだん》で見落としがないかを術野《じゅつや》（手術する目に見える部分）

で確かめながら、心臓外科では機能障害《しょうがい》を起こした部分をよみがえらせて元気な心臓を取《と》り戻《もど》すようにします。

術野で疾患《しっかん》と症状のつながりを発見し、修復できたときの喜びは格別です。手術中、まだ麻酔《ますい》がかかっている患者さんが元気で退院される姿が思い浮《う》かぶほどです。

私の心臓手術のポリシーは「早い、安い、うまい」の三拍子《さんびょうし》。患者さんへの対応や手術は早く、費用負担、薬剤《やくざい》や医療材料の無駄《むだ》は少なく、さらに高いレベルの修復と痕《あと》が目立たない傷口を目指すようにしています。

手術後の管理も大切です。検査結果の解釈《かいしゃく》や傷の治り具合だけではなく、手術した後に患者さんが社会復帰するレールにきちんと乗ったか確認します。

また、周りを気遣《づか》い、心配させないよう、具合が悪くなってきても、患者さん本人が我慢《がまん》して黙っていないかどうかを聞き出すことも重要で、この役割は世間話に慣れたベテラン外科医が担《にな》います。

このように一気に回復に向かうポイントを逃《のが》さず、患者さんが前向きに社会復帰できるようにするのが今の私の役目です。

患者さん一人一人、それぞれに手術内容によって入院生活は変わり、若い方と高齢者では大きく異なります。

それでもいつか手術したことすら忘れて健康を取り戻《もど》し、思い通りの生活ができる。そんな日を取り戻してもらうために働く毎日は、忙《いそが》しくてもとても充実した日々と感じています。

心臓外科医として携《たずさ》わってきた1万例以上の心臓手術を振り返ると、その仕事は何も手術をするだけではありませんでした。患者さんと一人ずつ向き合い、手術前から後までしっかりケアしながら、患者さんが前向きに社会復帰できるようにすることが大切なのです。

天皇陛下《てんのうへいか》の手術につながった1人の患者《かんじゃ》さんのお話

天皇陛下《てんのうへいか》の心臓《しんぞう》手術の成功へとつながるきっかけとなった、私にとって思い出深い手術について書きましょう。

私が心臓手術をする高齢《こうれい》の患者《かんじゃ》さんの約1割《わり》は80歳《さい》以上です。しかし、私が心臓外科医を志した40年以上前は、平均寿命《じゅみょう》も今ほど高くなく、70代の高齢者の手術もまだ珍《めずら》しい時期でした。

あるとき、80歳《さい》の神父さんが激《はげ》しい胸痛《きょうつう》で病院にやってきました。心電図の変化があまりに強烈《きょうれつ》だったため、心臓の栄養血管である冠動脈《かんどうみゃく》を映《うつ》し出す心臓カテーテル検査を緊急《きんきゅう》で行い、直ちに手術となりました。

さっそく、私が所属していた心臓血管外科のチームは患者の診察《しんさつ》に向かいました。チームの決断は比較的《ひかくてき》スムーズでした。患者はこれまで何一つ病気になることなく、房総《ぼうそう》の外《はず》れのほうで教会を滞《とどこお》りなく運営していたことから、私たちは高齢でも十分に手術に耐《た》えられると判断しました。

3本の冠動脈に血液がきちんと流れるようバイパス（迂《う》回路）を形成するバイパス術を施《ほどこ》したのですが、80代でこの手術は関東圏《けん》でもはじめてというくらい、当時はとても珍しかったのです。

手術してからも一時的に心臓の拍動《はくどう》が乱《みだ》れる不整脈が出たこと以外は極めて順調でした。退院後も教会の仕事をしっかり続けられ、90歳を過ぎてから別の病気で亡《な》くなられました。

その後も、80代の患者さんは何例か緊急手術で出会うことになりましたが、患者さんたちの共通した特徴《とくちょう》は、日常を元気に過ごされ、外見も至《いた》って健康そうな点でした。

ここで、私が考えたのが「選ばれた患者」です。

当時の80代は、そのほとんどが第二次世界大戦に敗れて家族や友人らを大勢失い、それでも戦後の動乱《どうらん》の中を生き延《の》びてきた人たちです。そして、検《けん》診《しん》などがなくてもがんで倒《たお》れることなく、終戦から50～60年もたってから冠動脈だけが傷《いた》んだため手術する日を迎《むか》えたというケースが多いのです。

こうした患者さんたちと出会い、心臓という臓器《ぞうき》は「特に頑丈《がんじょう》にできている」という考えにあらためさせられました。

超《ちょう》高齢者でも「選ばれた患者」なら、堂々と手術すれば元通り以上の生活に戻《もど》れるということを教えてくれたのです。と同時に、生き抜《ぬ》くことが宿命として選ばれた人に対し、その後の生活に支障《ししょう》をきたさないよう、合併《がっぺい》症《しょう》をとことん減らさなければならないと決意しました。

このときから、高齢者の心臓手術をどうしたらよい結果に導けるかが、私のライフワークとなりました。そして、試行錯誤《さくご》する中で出合ったのが、心臓を動かしたままバイパスを形成する「心拍動下冠動脈《しんぱくどうかかんどうみゃく》バイパス術」という画期的な術式でした。

その後、この手術を繰《く》り返《かえ》し行い、従来《じゅうらい》の手術法と比べ高齢者で成功率が高く、貢献度《こうけん》が高いという結果が得られたのです。

このころは、２０１２年にこの心臓手術を天皇陛下に行うとは夢にも思っていませんでした。しかし陛下がお元気で各地を訪問《ほうもん》されるための礎《いしずえ》は、こうして着々と出来上がっていったのです。

準備を怠《おこた》らない心構えがよい結果につながる

季節の変わり目には不調をきたす人が多く、緊急《きんきゅう》手術が増えてきます。院長に就《つ》いてから、「天野先生は緊急手術なんてもうやらないのでは」と思った人もいたようですが、私《わたし》は自分の経験と技術が最適と思われる状況《じょうきょう》下では予定を変更《へんこう》してでも手術に向け出動します。

循環器《じゅんかんき》の病気の場合、病気の進行に伴《ともな》って自覚症状《しょうじょう》が現れ、日常生活を制限したり、薬を飲んでも病気の進行を抑えられないか、重症化《じゅうしょうか》して生命の危機《きき》に瀕《ひん》する可能性が高いときに手術が考慮《こうりょ》されます。

つまり、患者《かんじゃ》さんの強まった自覚症状を取り払《はら》うことができる時期こそが、手術の最適なタイミングになります。自覚症状があるのに医療《いりょう》機関を受診《じゅしん》しないで放置したり、精密《せいみつ》検査を勧《すす》められているのに後回しにしたりする患者さんもいます。しかし、いったんバランスを崩《くず》すと一気に緊急手術となってしまうことも多いのです。

さて、そんな患者さんが救急車で運ばれてきて緊急手術となりますが、手術前の体の状態が不安定なほど手術の危険性《きけんせい》も高く、手術後の容体も予断を許さない状況となります。ただし、急性心筋梗塞《しんきんこうそく》では血管内に細い管のカテーテルを通して治療《ちりょう》する方法が格段《かくだん》の進歩を遂《と》げていて、かなりの患者さんで手術の危険因子が改善《かいぜん》されています。

これによって、以前はとりあえず救命できればと、その場しのぎの術式で済《す》ませることも多かったのですが、最近は緊急手術といえども長期的に問題を起こさないような方法が選ばれる傾向《けいこう》にあります。

一方、破裂《はれつ》すれば即死《そくし》するかもしれない解離性大動脈瘤《かいりせいだいどうみゃくりゅう》や巨大大動脈瘤の切迫破裂《せっぱく》では、救急隊からの連絡《れんらく》から始まり、診断がつき次第、手術室を準備しておくという手続きが大切です。

手術室の準備といっても、部屋や手術器具の用意だけではありません。麻《ま》酔《すい》医、看護師《かんごし》、人工心肺《しんぱい》の技師など医療スタッフを整えることも含《ふく》まれます。心臓外科医がリーダーシップを発揮《はっき》し、医療チームを束《たば》ねて最短で手術執刀《しっとう》に向かわなければなりません。その間、執刀医チームは患者さんやご家族に手術のインフォームドコンセント（十分な説明に基づく同意）を時間の許す範囲《はんい》で行います。

いつもの手術があっても、こうした緊急症例が発生する可能性もあります。私としては、どちらのケースにもスムーズに質の高い手術を提供《ていきょう》できるように管理、運営していくことが、患者さんへの最大の貢献《こうけん》となります。そのため自らが執刀医となる選択肢《せんたくし》を残さないわけにはいきません。緊急の患者さんが手術を終えて順調に回復し、退院されるときの姿《すがた》を見るのは格別です。

再発防止のため自己《じこ》管理に努めたり、病気や手術したことさえ忘《わす》れているかのように活動的だったりと、その後に外来で見える患者さんの姿はさまざまですが、それでいいと思います。私たちの使命は、患者さんとそのご家族に対し、手術後に悲しい思いをさせないことです。

はずれた「健康」という軌道《きどう》が緊急手術で修正されれば、元の生活に戻《もど》れます。そのとき、患者さんの新たな人生のために医療チームが役に立ったという喜びを私たちは実感できるのです。

みなさんも勉強やスポーツなどで切磋琢磨《せっさたくま》し、常に準備を怠《おこた》らない心構えを持つようにしてください。いつか必ず役に立つときがくるのです。

どんなときも公平であろう。天皇陛下《てんのうへいか》から学ばせていただいたこと

寒暖《かんだん》の差が激《はげ》しい天候が続くと、増えてくるのが緊急《きんきゅう》手術です。予定された手術が「定期試験」とすれば、緊急手術は抜《ぬ》き打《う》ちの「実力試験」のようなものでしょうか。若《わか》いころは誰《だれ》よりも先に救急患者《かんじゃ》を受け入れようと、急患室《きゅうかん》の入り口で救急車の到着《とうちゃく》を待つくらいの姿勢《しせい》で臨《のぞ》んでいました。

医師になって5年目だったと思います。勤務先《きんむさき》の海辺の病院に、サーフボードのフィンで太ももを負傷《ふしょう》した若《わか》い男性が救急車で運ばれてきました。足の脈が触《ふ》れずに感覚がまひしていたので、靭帯《じんたい》の断裂《だんれつ》を修復する際、整形外科の医師に私《わたし》が呼《よ》ばれました。

急ぎ手術室に運んで患部《かんぶ》を調べると、大腿《だいたい》動脈が切断されていました。修復しないと足を切断しなければならない場面に直面したのです。

損傷《そんしょう》した動脈をつなぎ合わせるか、他の血管で切れた動脈にバイパスを作るかしなければならない状況《じょうきょう》でした。バイパスに使う静脈を切り取る手術はこれまでたくさんしてきましたが、バイパスを作るのは未経験でした。

しかし、心臓《しんぞう》のバイパス手術では、数多く助手をしてきました。同じ手術器具を使って人生ではじめてバイパスを作ったところ、血液の流れを回復させることができ、足の切断を免《まぬか》れることができてホッとしたことを覚えています。

同じころでしたが、自動車事故で胸《むね》を強く打って心臓が破裂《はれつ》した患者さんが運ばれてきました。先輩《せんぱい》の医師が手探《さぐ》りで破裂した部分を縫合《ほうごう》し、救命に成功。このときは知識と経験だけでなく、勇気が人の命を救うということを教えられました。

このように、若いころは成長するうえで大切な多くのことを、経験を通じて学ぶことができます。ところが、病院やそこでの立場、自身の生活様式が変わることで、救急患者の受け入れ方が変化した時期もありました。

手術が予定された患者さんを優先《ゆうせん》するあまり、手術後の管理に手のかかる重症《じゅうしょう》の患者さんを他の病院に移すようになったのです。

都市部の病院では、他の病院に転送したほうが患者さんには良心的な対応になることもあるので、直ちに非難される状況ではありませんでした。

その後も紆余曲折《うよきょくせつ》がありましたが、2012年に冠《かん》動脈バイパス術を受けられた天皇陛下《てんのうへいか》が、その年の天皇誕生日《てんのうたんじょうび》会見でご公務について「公平の原則を大切にし続けたい」というお話をされたのを聞いてからは、どんなときでも手術はすべからく公平に行うことを実践《じっせん》し続けています。

順天堂医院も心臓外科手術室が増設されたことに伴《ともな》い、麻酔《ますい》科や手術室スタッフも拡充《かくじゅう》され、以前よりも緊急手術を円滑《えんかつ》に受け入れられるようになりました。どんな難《むずか》しい緊急手術でも引き受け、回復した患者さんは「病院に通わなくても大丈夫《だいじょうぶ》」という一期一会《いちごいちえ》を目指す理想の治療を追い求めていきたいものです。

天皇陛下からは多くのことを学ばせていただきました。みなさんも、「公平性」を尊《たっと》ぶ陛下のお気持ちに、耳を傾《かたむ》けていただきたいと思います。

心を平穏《へいおん》に保つことが、プロとして生きる信頼の証《あかし》

外科医が手術の手技を学んでいくとき、完成度がどのように高められるかは医師ごとに差があります。

同じ医師でも、技術を身に着けていく過程は人それぞれです。経験を積むたびに出来ばえがよく、素早く手術が行えるようになっていく場合があるかと思えば、いつもの倍も時間がかかってようやく手術を終えることができたという場合もあります。

このように、多少なりとも凸凹《おうとつ》を経て人が成長していく状況《じょうきょう》を示す曲線のことを「ラーニングカーブ」といいます。当然、習熟《しゅうじゅく》途中の過程であっ

ても、患者《かんじゃ》さんに提供《ていきょう》する治療《ちりょう》の結果は、熟練《じゅくれん》の医師がする場合と同じ質が保証されなければなりません。手術後に重すぎる負担《ふたん》が患者さんに加わるような治療も厳禁《げんきん》です。

しかし、医療《いりょう》には若い人を教育したり、治療を普及《ふきゅう》したりしなければならない宿命《しゅくめい》があります。患者さんの中には、経験知《ち》の低い途中段階《とちゅうだんかい》の医師に手術を委《ゆだ》ねる機会が出てくることがあります。

私《わたし》も１万例を超える心臓《しんぞう》外科手術をし、数多くの手術の形式を経験してきましたが、ほとんどは順調に終わり、満足度も高い結果が得られたように思います。なぜできたかといえば、まず手術前に患者さんの情報をもれなく点検し、同じような事例について先輩《せんぱい》医師の手術記録だけではなく、文献《ぶんけん》や教科書も読み、自分の持つ技術で克服《こくふく》するよう徹底的《てっていてき》にシミュレーションしたことが挙げられます。他にも、手術を行う前に、患者さんが厳《きび》しい状態に陥《おちい》る手術の難所《なんしょ》をイメージしながら、成功と失敗の「分水嶺《ぶんすいれい》」(分かれ目)を見いだしつつ、成功への最短経路を見つけることで、出合ってはならない障害《しょうがい》を回避《かいひ》してきました。今でこそ学会などが示す基準で手術の危険性《きけんせい》が具体的な確率で示されていますが、私には「危険か」「そうでないか」の二《に》択《たく》でしかありません。

はじめての手術では、手術を終えた後に起きる合併症《がっぺいしょう》も未経験のことがあります。それにとまどうことなく冷静に対処《たいしょ》することを教えてくれたのが、カナダ人医師のウイリアム・オスラー先生(1849~1919)です。

〈医学とは不確実性の科学であり、確率がなす芸術である〉

オスラー先生のこの言葉は、想定外の出来事を受け入れながら、過去の多くの経験から見つけ出した結果を導くことができるということを教えてくれています。冷静沈着《ちんちゃく》な姿勢《しせい》を完璧《かんぺき》なものにするには、幅広《はばひろ》い経験と病気へのくわしい知識が必要で、優柔不断《ゆうじゅうふだん》で緊急《きんきゅう》事態に取《と》り乱《みだ》すような対応は患者さんの信頼《しんらい》を失う、と説きます。そのような平静心を守ってきたことが、私がラーニングカーブを高く維持《いじ》・向上できた最大の要因だろうと思います。

もしいつか、みなさんが若手《わかて》の医師を主治医にしたり、診療経験の少ない施設《しせつ》で医療を受ける状況になったりしたときは、その医師や施設が前述の対応をしているかを観察してみてください。そのうえで納得《なっとく》できる診療であれば、結果はおのずと付いてきます。

医療で安心を獲得《かくとく》するための第一歩は信頼です。それを築くために求められるのが医師の努力といえます。

冷静沈着な姿勢を貫き、人々の信頼を得るには、幅広い経験とくわしい知識を身に着け、そしてたゆまぬ努力をすることが必要なのです。

いきなり手術をすることに疑《うたが》いを持つ

私《わたし》は大人の心臓《しんぞう》病を担当しています。治療《ちりょう》のための手術にはおもに三つの分野があります。

（1）心臓に栄養を送る大事な冠動脈《かんどうみゃく》が硬《かた》くなり、血液が送られにくくなった心臓にバイパスを作る手術

（2）心臓内の血液の流れを調整する弁が異常《いじょう》をきたし、人工弁への交換《こうかん》などをする手術

（3）こぶや亀裂《きれつ》が裂《さ》ける状態になったため大動脈を人工血管に交換する手術

これらを組み合わせた手術も多く、手術の場所が多いと心臓を止める時間が長くなり、患者《かんじゃ》さんの回復にも影響《えいきょう》します。

しかし、難《むずか》しい手術でも完成度が高ければ、手術後に患者さんの健康レベルも高まり、一定の管理の下で運動も自由に謳歌《おうか》できます。

手術が必要になるまで心臓を悪化させた原因で多いのは、高血圧と糖尿《とうにょう》病です。若《わか》い時期に発症《はっしょう》しやすい悪玉コレステロールが多い人も、薬の普及で管理できるようになりました。また、最近は生まれつき大動脈弁が正常より1枚少なく、後に弁膜症《べんまくしょう》を引き起こすケースが多いこともわかってきていて、それは日本人の約80人に1人ともいわれます。

心臓病が隠《かく》れているかどうかは、血液検査と画像診断《しんだん》で判別できます。心電図も有力ですが、高度な画像診断に比べれば得られる情報量は限られます。

画像診断の中でも、心臓の超音波《ちょうおんぱ》と、CT（コンピューター断層撮影《だんそうさつえい》）

検査の進化は目を見張るものがあり、病気の有無《うむ》とその程度を高い確率で教えてくれます。

問題はここからです。病気が見つかったからといって、すぐに手術を受け入れてはいけません。

明らかに突然死《とつぜんし》を予測できる検査結果以外では、痛《いた》みなどの自覚症状《しょうじょう》と、それに伴《ともな》う生活の制限、突然死の危険性《きけんせい》を取《と》り除《のぞ》くことなどが優先《ゆうせん》されます。それらの治療が無効か、効果が十分ではない場合、手術が選ばれます。医師が「重症《じゅうしょう》なので」といきなり手術を勧《すす》めることができるケースは、「他の治療法では間に合わない」という結論《けつろん》が出ている場合だけです。

心臓病はがんと異《こと》なり、「早期発見をしなければ命取りになる」ということはありません。「念のために手術しましょう」という医師の説得は的外《まとはず》れです。

ところが、意外にも「これが当然」と誘導《ゆうどう》する医師が少なくないようです。不安を感じて私を訪《おとず》れる患者さんもいて、問題の深刻《しんこく》さを感じます。自覚症状の確認《かくにん》と検査による病気の把握《はあく》、さらにその進行具合を確かめない医師は、その先の予測ができるとは思えません。

だから私は、手術に誘導されていると感じたときは、ぜひ時間をおいて、再検査か別の医師の助言を請《こ》うセカンドオピニオンを受けてほしいと思うのです。

ＣＴなど画像技術の進歩によって、心臓病の有無や程度が高い確率でわかるようになりました。しかし、すぐに手術に入るのは、他の治療法では間に合わない場合だけです。「念のための手術」という医師の説得には疑《うたが》いを持ちましょう。

平常心で手術に臨《のぞ》むために

私《わたし》は毎年、年が明けると家族と箱根神社を参拝《さんぱい》することから始めています。そして、神社でいただいた厄《やく》よけのお札を大学病院の神棚《かみだな》に飾《かざ》ります。すると、その年の手術が安全に進められ、不測の事態でも乗《の》り越《こ》えられると感じ、平常心で手術に臨《のぞ》むことができるようになるのです。

さて、現在は、生命の設計図であるゲノム（全遺伝情報《ぜんいでんじょうほう》）の解析《かいせき》ができるようになり、人体の構造がほとんど解明されていると思う人が多いでしょう。

しかし、不思議な話ですが、脳《のう》が人体の一番高い場所にあって、心臓《しんぞう》より下に胃や腸など消化器系《けい》の臓器《ぞうき》が存在《そんざい》するという臓器の配列が、なぜそうなったのか完全にはわかっていません。生物の進化の過程で人間やチンパンジーなど脊椎《せきつい》動物が生まれ育った環境《かんきょう》などがかかわっていると思いますが、納得《なっとく》できる話を聞いたことがありません。

私が担当《たんとう》する心臓外科の領域《りょういき》には、動脈硬化《こうか》が進み、心筋梗塞《しんきんこうそく》や心不全《しんふぜん》の原因となる冠動脈《かんどうみゃく》を、別の血管をつないでバイパスにして救命する「冠動脈バイパス術」があります。

天皇陛下《てんのうへいか》が受けられた手術として世に知られています。バイパスに使われる胸板の裏側にある「内胸《ないきょう》動脈」と呼ぶ血管がうまくつながると、動脈硬化で目詰《づ》まりした冠動脈をほぼ終生にわたってよみがえらせ、心筋梗塞による致命的な状況を予防できます。

内胸動脈は、人体で最も動脈硬化を起こしにくい血管です。心臓の応援団がすぐ近くに備えられている構造は、進化の過程で備わったというより、創造主が準備しておいてくれたと思うほうが神秘的《しんぴてき》です。神の存在を身近に感じることもできる医学的事実とも考えています。私がお札をいただいて神様を祭るのには、こういった理由があるからです。

「神頼み」といえば、2月にもなると医師国家試験や、大学なども受験シーズンを迎えます。試験に際して「神頼みなんて」と思われるかもしれませんが、祈願《きがん》とは、人生の試練を乗り越える前に行うべき「通過儀礼《ぎれい》」と考えてみてください。

鎌倉幕府《かまくらばくふ》を開いた源　頼朝《みなもとのよりとも》は、命をかけた合戦《かっせん》を前に、八幡大菩薩《はちまんだいぼさつ》をお参りして勝利を祈願したことがよく知られています。頼朝はなぜそのようにしたのでしょうか。私は、軍を統括して武器や兵糧《ひょうろう》を整え、士気を高めて準備万全という態勢でお参りすることが、頼朝にとって必勝の確信を得るために必要な通過儀礼だったからだと思います。

受験生の皆さんには、「これまでの勉強で備えは十分か」「心身の構えは整っているか」といった不安が生じてくるでしょう。でも、自分の歩んできた道や、これからの選択に矛盾《むじゅん》はなかったか思い返してみてください。不安を振《ふ》り払い、自分の将来像を頭に浮かべることができれば、後は挑《いど》むだけです。

完璧《かんぺき》な人などいません。通過儀礼によって、自信を持って戦いを楽しむくらいの気持ちになれば、きっとよい結果が付いてくるはずです。

第4章

伝えたい「仁《じん》」の心

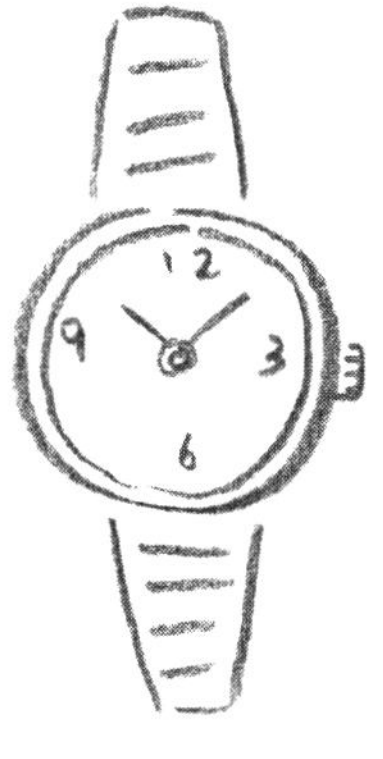

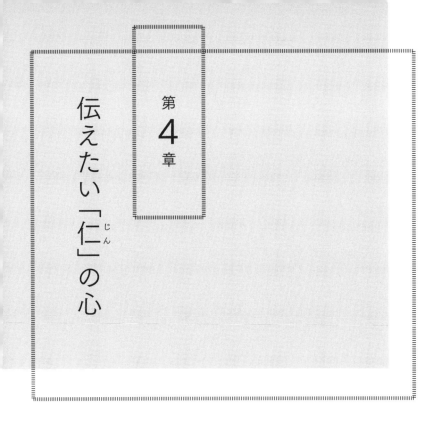

戦中戦後を生き抜《ぬ》いた人たちへ心からの感謝を

8月6日は、70年以上前に広島で人類初の原爆《げんばく》が投下され、その後、戦争が終わるきっかけの一つとなった日本にとって歴史の分岐《ぶんき》点ともいえる日です。十数年前、世界遺産《いさん》の広島の原爆ドーム（広島平和記念碑《ひ》）前を通ったとき、背筋《せすじ》に電気のようなものが走ったことを、今でも鮮明《せんめい》に思い出します。同じ経験は、日露《にちろ》戦争の激戦《げきせん》地となった中国の二〇三高地に登って、眼下に見える紫紺《しこん》の旅順《りょじゅん》湾《わん》を眺望《ちょうぼう》したときにもありました。

歴史のモニュメントというものは、史跡《しせき》となるに当たって多くの命が強くかかわることもあり、それらが魂《たましい》となって衝撃《しょうげき》と感動を残し続けるのではないかと思うのです。広島も「ヒロシマ」となって、原爆被害《ひがい》や後遺症《こういしょう》の負の部分を語ることから、人類が再び過ちを犯さないための平和のシンボルの部分を前面に出して、その魂を伝えていくことでしょう。

私《わたし》は戦後復興の影が残る1955年生まれです。この年齢になって思うのは、小学3年生のときに迎《むか》えた東京五輪から、日本全体が一直線に経済《けいざい》大国に向かって意気軒昂《いきけんこう》に走ってきたことです。その姿《すがた》は、つらい過去を遠くに置き去りにしようかという勢いさえあったように思えます。

日本の発展の担《にな》い手として、その時代を生き抜《ぬ》いた80代の高齢者《こうれいしゃ》には、戦争や戦後復興期の不十分な医療《いりょう》体制、急速な生活の欧米化《おうべいか》によって亡くなられた人々が数多く存在します。今を生き抜いている高齢者の「生」は、先に逝《い》った人々の無念さや、意図せず中断させられた命を受《う》け継《つ》ぐ選ばれた者として映《うつ》るのです。

戦後70年以上が経過し、見方を変えれば「戦後生まれの70代の高齢者が世に現れた」ともいえます。日本人は長寿《ちょうじゅ》といわれますが、実は病気や障害《しょうがい》で生活に制限を受けないでいられる健康寿命《じゅみょう》は、平均寿命に比べ男性で9年、女性では12年も短いのです。

いくつかの心臓《しんぞう》病は、治療《ちりょう》をすれば高い確率で健康寿命を延《の》ばせます。その代表格が、高齢化で硬《かた》くなった心臓の出口の弁が狭《せま》くなる「大動脈《だいどうみゃく》弁狭窄症《きょうさくしょう》」です。この病気は急速に増え続け、一方で診断《しんだん》も満足に受けられず、命を落とす人も増加しています。特徴的《とくちょうてき》な自覚症状《しょうじょう》は歩行開始時の息切れです。おもに70代以上の年齢《ねんれい》の方で、自覚症状があれば、循環《じゅんかん》器専《せん》門《もん》の医療機関をぜひ受診《じゅしん》してほしいと思っています。80代でも安全に手術ができるようになって、7人に1人は80歳《さい》以上の患者《かんじゃ》さんです。

私たちの世代は、戦争や戦後復興期を生き抜いた人々が頑張《がんば》ってくれたからこそ守られ、励《はげ》まされ、現在の平和な日常を過ごせるようになったと感じます。

先に逝った人々から「もう少し生き続けて自分たちの分も日本の将来《しょうらい》を見届《とど》けてほしい」とバトンを託《たく》された人々に対し、心臓病で思いもよらぬ生の停止を余儀《よぎ》なくされることだけは防がなくてはならないという思いと、恩返しの気持ちが、ライフワークとして私に高齢者心臓外科治療を選択《せんたく》させたのです。

80代以上の人々は、戦争を生き抜き、高度経済成長によって日本を復興に導いてくれました。私が高齢者の心臓外科治療に取り組むのも、恩返しをしたいからです。みなさんも、今の平和な日本の礎《いしずえ》を築いてくれた高齢者に感謝の気持ちを持ってほしいと思います。

つらいときこそ発想を転換《てんかん》しよう

大学生のころ、私《わたし》は、夏休みに遊びにうつつを抜《ぬ》かし、宿題に追われて幾《いく》日《にち》も徹夜《てつや》をした記憶《きおく》があります。普段《ふだん》の心臓《しんぞう》手術では高齢者《こうれいしゃ》の患者《かんじゃ》さんが多いのですが、夏休みを利用して、高校生や大学生が手術を受けにやってきます。先日も高校生3人の手術をしました。

そのうちの1人は17歳《さい》の男子です。生まれつき上半身と下半身との境目で大動脈《だいどうみゃく》が狭《せば》まっていました。最高血圧と最低血圧の差が大きく、歩行後の息切れと下半身の脱力感が進んだ「大動脈縮窄症《しゅくさくしょう》」でした。体格が大きくなり、急速に自覚症状《しょうじょう》が進行したのです。手術以外に有効で確実な治療《ちりょう》方法はありませんが、三つの大きな問題がありました。
（１）胸部《きょうぶ》の筋肉《きんにく》を複数切開するため手術後に運動機能が大きく損なわれる可能性が高い
（２）狭《せま》くなった部分の上流で血管が枝分かれして脳《のう》へとつながっているため、手術中に脳梗塞《のうこうそく》を発症する危険性《きけんせい》がある
（３）下流に脊髄《せきずい》の血管があり、損傷《そんしょう》すれば下半身がまひする
この説明を複数の医療機関で受け、彼《かれ》はなんとか後遺症《こういしょう》を残さずに剣道《けんどう》を続けられないかと、両親とともに私の勤務《きんむ》する病院に相談に来たのです。

彼がそれまでに受けた説明は私から見ても納得《なっとく》できる内容でした。同じことを理解しやすく患者さんとご家族に説明した後、患者さん本人にだけ次のように伝えました。

「ご両親は、君が生まれてから病気が見つかったことに責任《せきにん》を感じ、症状が

ない間は『このままいつまでも元気でいてほしい』と祈《いの》りながら育てたはずだ。期待はかなわず、君に対し申《もう》し訳《わけ》ないという気持ちを今まで以上に持ちながらここにきたと思う。君自身が目標としていることを手に入れるには手術は避《さ》けて通れない。ご両親は十分に悩《なや》んだ。将来独り立《しょうらいひと》ちして生きていくためにも、両親の背負《せお》ってきた悩みを解放するためにも、自分自身の判断で手術を受けるかどうか決めてほしい」。すると、目の前の青年は即座《そくざ》にこう答えました。

「これまではどうしようか悩んでいましたが、今の先生の説明を聞いて、手術を受けることにしました。ぼくは先生の手術を受けて、先生と一緒《いっしょ》に病気を克服《こくふく》し、これまで通りに運動にも精進《しょうじん》しようと思います」

これには私も、ご両親も驚《おどろ》かされましたが、微妙《びみょう》な沈黙《ちんもく》の後に全員が明るく前向きに手術することを受け入れていました。手術は難《むずか》しい場面もありましたが予定通り終わり、順調に退院することができたのです。

回復過程で「すごい」と思ったのは、彼が一日の目標を決めて、それを達成するため自分なりに工夫することと、達成できない場合も、くよくよしないで別の目標を立て、周囲に気を使わせないようにしていることでした。今は手術のため声嗄《か》れが残っていますが、早晩《そうばん》大声をあげて運動できるようになるでしょう。

「つらいときこそ発想の転換《てんかん》を」――若い患者さんにあらためて気づかせてもらったひと夏の貴重な体験でした。

つらいときに発想を転換すると、覚悟が定まり、自然と明るい未来が開けてくる。大動脈縮窄症の高校生は、治療を通じて私に教えてくれました。みなさんも、これからいくつも壁《かべ》にぶつかるでしょう。そんなとき、この高校生のことを思い出してみてください。

どの世代もインフルエンザには注意を

私《わたし》は毎朝、午前5時ごろ家を出ますが、寒さを感じる季節になると、インフルエンザの流行が気になってきます。

元気で体力のある世代なら、感染《かんせん》しても、発熱、せき、全身のけだるさ、関節痛《かんせつつう》などですみ、重症化《じゅうしょうか》することは少ないといわれています。ただし、こうした症状《しょうじょう》の人でも予防に努め、感染した際には周りに移さないよう気をつけてほしいと思います。

日本は、人口の4分の1以上が65歳以上という超高齢社会です。年齢《ねんれい》とともに体力や抵抗力《ていこうりょく》が落ちた人や糖尿病《とうにょうびょう》治療《ちりょう》、がん治療や大きな手術後で免《めん》疫《えき》力が低下した患者《かんじゃ》さんも多く、死に至《いた》る合併症《がっぺいしょう》も数多く報告されています。

特にもっとも怖《こわ》い合併症が、インフルエンザの症状が出てから発症《はっしょう》する細菌《さいきん》が原因の重い肺炎《はいえん》です。アメリカのデータでは、肺炎になった高齢者のうち、３割《わり》以上が重症化した年もあります。

せきやたんが多く出ているところに、細菌感染すると呼吸困難《こきゅうこんなん》から低酸素状態に陥《おちい》り、臓器《ぞうき》の機能が低下し、多臓器不全となることもあります。最悪の場合、細菌自体の毒素から内臓出血しやすい合併症が表れ、急死することもあります。

このように怖いインフルエンザにかからないようにするために最も大切なことは、ウイルスを体内に持ちこまないことです。

せきやたんからの感染が多いので、手洗《てあら》いとうがいを頻繁《ひんぱん》に行うことが効果的です。

ただし、ウイルスは目に見えないので、完全に予防することは困難《こんなん》です。そこで、重要になるのがワクチン接種です。

体内の免疫の仕組みを活性化させて予防します。インフルエンザは、遺伝子《いでんし》の型が少しずつ異《こと》なるウイルスが多いため、1度の接種だけで毎年予防することはできません。遺伝子の型が異なる株《かぶ》ごとにワクチンを作製し、流行前に接種を受けねばならないのです。

厚生労働省は、多くの研究データから毎年どの型のウイルスが流行するか予測を立てています。これまでは流行前に決めた3種類のウイルスをワクチンに入れていましたが、2015年から4種類に増やして予防効果を高めています。

1回の予防接種には約4000円の費用がかかります。医師の問診《もんしん》を受けたうえで、体調のよいときに接種を受けましょう。必ず予防できるとは限りませんが、患者さん自身の病歴、自己管理と、医師の診察《しんさつ》が副反応を防ぐカギです。

私もワクチン接種を受けています。医療に携《たずさ》わる者がインフルエンザに感染すると、院内感染から多くの患者さんに迷惑《めいわく》をかけることになるからです。

私自身はワクチン接種で発熱しないのですが、接種した場所がわずかに痛《いた》み、全身のだるさが一晩《ひとばん》だけ表れたことがあります。ただし、この程度の副反応で済《す》んでインフルエンザ感染の可能性を激減《げきげん》できるのであれば許せます。

みなさんも学校でインフルエンザに感染することがあるかと思いますが、どうか集団感染をしないように日ごろから気を付けてください。

当たり前のことが何よりも大切

医師になるための国家試験では、2日間で400問を解きます。今の医学生は、私《わたし》のころより問題数が多くて負担《ふたん》も大きいようですが、多くの知識を得て研修医生活に入ることは患者《かんじゃ》さんのためになるので、しっかり試験に立ち向かってほしいです。

さて、より重要なのが、合格後の医師たちを受け入れる研修体制です。研修では、一定のルールに基づき、責任《せきにん》を持って教育することが求められます。そのルールとは、診療行為《しんりょうこうい》の中で患者さんの安全を常に考慮《こうりょ》する「医療《いりょう》安全の順守」、さらに研修医といえども「医療の質を保証する」という心構

え　と実践《じっせん》です。

２０１５年に手術、特に公的な医療保険で認《みと》められていないおなかに小さな穴《あな》をあけて手術する腹腔鏡《ふくくうきょう》関連の治療《ちりょう》で患者さんが亡くなるという不幸な事例が、いくつも報告されました。医療安全の根幹を揺《ゆ》るがす問題だったため、厚生労働省は、高度な先端《せんたん》医療を担《にな》う特定機能病院で医療安全を柱とする診療体制を再点検し、医療事故を調査する制度も実現しました。

医療安全は、患者一人一人の人権《じんけん》を尊重《そんちょう》しながら医療ミスを極力回避《かいひ》する病院診療の中心となる原則です。しかし、治療によって思わぬ副作用や合併症《がっぺいしょう》が起こることもあり、迅速《じんそく》でていねいな説明をしながら最適な対処《たいしょ》をする方針《ほうしん》も含まれています。

医療安全の徹底《てってい》には患者さんの協力が欠かせません。

診察や手術開始前には間違《まちが》いが起きないように「名前と生年月日」を確認《かくにん》

しますが、「面倒《めんどう》くさい」と感じる患者さんもいるようです。医療従事者《じゅうじしゃ》は採血や検査の前に手指の消毒だけでなく、感染《かんせん》を防ぐため手袋《てぶくろ》を着けなければならないのですが、「温かみがない」と感じている人もいます。

事前の検査で、転倒《てんとう》による骨折《こっせつ》を防ぐため高齢者《こうれいしゃ》には車いすでの移動を勧《すす》めていますが、「年寄り扱《あつか》いだ」と嫌悪感《けんおかん》をいだく方もいます。それでもわかりやすい説明を心がけ、診療経験の多少にかかわらず、こうした取り組みを常に続けることが義務付けられているのです。

医療の質を保証していくため、検査や治療の際には、滅菌《めっきん》や消毒、汚染物《おせんぶつ》の処理《しょり》の仕方、薬物や医療器材の管理法などを厳重《げんじゅう》に守らなければなりません。大規模《だいきぼ》な災害への備えでは、避難《ひなん》訓練や職員の対応に偏《かたよ》りがちですが、扱《あつか》っている多くの引火物や有毒ガスが出る薬物にどう対処すべきかを日ごろから考えておくことが重要です。患者さんを誘導《ゆうどう》したり、トイレ内に閉《と》じこめられた人がいないかを確認したりすることも必要です。

　このように、一見して当たり前のように思えることを患者さんに知らせて、必要な協力を得るためにも、医療従事者は患者さんからの信頼を得ていることが必要です。

　医療従事者には「医療安全の順守」と「医療の質の保証」がとても大切で、それには国民の協力が不可欠です。医療従事者が一見当たり前のようなことまで説明したりするのも、国民の信頼を得るためなのです。

病気にかかる前にワクチン接種で予防を

毎年、インフルエンザの流行が話題になっています。私《わたし》も93歳の母親をインフルエンザがきっかけの肺炎《はいえん》で亡《な》くしたため、人ごとではありません。また、冬は乾燥《かんそう》するためウイルスが増えやすく、外科医は対応に苦慮《くりょ》する季節なのです。

患者《かんじゃ》さんがインフルエンザに感染《かんせん》すると、予定通り手術ができないばかりか、体調を崩して心臓《しんぞう》への負担が増え、心不全の治療が必要になることもあり、その影響《えいきょう》は少なくありません。

以前、手術を受けた患者さんに高熱が続いたため、免疫《めんえき》力が低下した手術後に起きやすい細菌《さいきん》による重い感染症を疑《うたが》ったのですが、原因の病原体が見つからず、少々とまどいました。「まさか」と思ってインフルエンザの検査をすると陽性で、間もなく解熱してホッとしたことを覚えています。

だからこそ、私たち医療従事者《いりょうじゅうじしゃ》は流行前にワクチンで予防するとともに、手洗い、うがいなどの衛生管理など、ウイルスをうつされないよう防御するのが当然の義務なのです。

病院には抵抗力《ていこう》の低い患者さんもいて、見舞《みま》いなどで訪れた人からうつされることがあります。

万が一、病院の大部屋でインフルエンザの感染者が生じた場合は、感染を広げないように発症《はっしょう》した患者さんを個室で管理します。他の患者さんも２日間、別の個室に移す対応が望ましいです。病室が埋《う》まっているときは、感染した患者さんだけを個室に移し、他の患者さんは２日間、元の部屋でマスクを着けて予防します。同室の患者さんにうつってしまった場合は、同じ対応を繰《く》り返《かえ》します。

私が勤務《きんむ》する順天堂医院でも、冬に20床《しょう》程度を感染症対策で利用することがあります。独《ひと》り暮《ぐ》らしの高齢者は、インフルエンザにかかっても受診の遅れから衰弱《すいじゃく》し、細菌性肺炎《はいえん》を併発《へいはつ》する恐《おそ》れがあります。最悪の場合、私の母親のように死亡することもあるので、本当に注意が必要なのです。

肺炎が、国内の死亡原因の第3位なのはご存じでしょうか。

特に、高齢者は肺炎に注意が必要です。肺炎で亡くなる人の大半が65歳以上だからです。原因として多いのが肺炎球菌《きゅうきん》で、全体の4分の1を占めています。

一方、ワクチンを接種すれば、5年以上の効果が期待できます。日本では65、70、75、80、85、90、95、100歳になるときに3000円程度の自己負担で受けられます。

病気や手術によって、特に高齢者は抵抗力を失い、ウイルスや細菌に感染しやすくなります。こうした国の助成制度を使いながら、病気になる前に予防し、元気な毎日を送ってほしい。そうであってこそ、私も手術に全力を尽《つ》くせるのです。

「仁《じん》」の心をたすきリレーで伝えたい

院長に就任《しゅうにん》してからはじめてとなる2017年のお正月は、順天堂大学のチームが箱根駅伝に出場したため、理事の一員として現地で応援《おうえん》しました。チームは、1年生が果敢《かかん》に走ったもののペースがつかめず他校に追《お》い抜《ぬ》かれ、ハラハラさせられました。しかし、4年生が挽回《ばんかい》し、将来《しょうらい》を期待されるエース格の選手や、箱根の山登りと山下りの選手が素晴らしい走りをしてくれたので、見応《みごた》えのあるたすきリレーでした。

はじめて選手たちの走る姿《すがた》を間近で見ましたが、躍動《やくどう》感と引《ひ》き締《し》まった顔《かお》つきの緊張《きんちょう》感がとてもさわやかでした。純粋《じゅんすい》に勝利だけを目指してチームの仲間のためにたすきをつなぐ姿勢《しせい》を、外科治療《ちりょう》や病院の運営でも忘《わす》れないように心がけていきたいと思いました。

そこで思い出したのが、2016年のリオデジャネイロ五輪の日本人選手の活躍《かつやく》です。特に窮地《きゅうち》に追《お》いこまれて逆転でメダルをつかんだ競技が多く、感動も人一倍でした。しかし、テレビでの観戦だったため、選手の姿ばかりに関心がいき、応援する側の雰囲気《ふんいき》や選手たちの躍動感《やくどう》はあまり印象に残っていません。

実はこの年から、各地の若手《わかて》の心臓《しんぞう》外科医を順天堂医院の手術室に招いて、医局員と同様に間近で手術を見てもらって疑問《ぎもん》に答えたり、具体的な手技の工夫を説明したりする機会を増やしました。いわゆるライブ教育を個別指導で行うわけです。駅伝や五輪での経験をふまえて、こうした取り組みが外科医教育において、生で見るスポーツ観戦と同じ効果を生んでくれるかもしれないと考えたからです。

後からいただくお礼の手紙などでは「今後の役に立つ見学だった」との言葉をもらっています。ビデオ映像《えいぞう》などでは感じることができない手術の「間」や、一見何気《なにげ》なくやっているように見える微細《びさい》な血管をはぎ取る作業などは、現場にいないとわかりません。手術をしている医師も、いつものことなのでそれほど気にしないで進行させている手技のように思えます。

この活動を始めたのは、還暦《かんれき》を過ぎて外科医としてのピークを迎《むか》えた今こそ、志ある若手に伝えておかなければと思ったからです。

普段《ふだん》から一つの手術に2~3人と少ない人数の医師で多くの手術をしている私《わたし》たちだからこそできる実地教育と考え、医局員の賛同も得て始めました。新しい病院では手術室が二つから三つに増え、より多くの機会を作ることもできるようになりました。

手術をライブで見学することから得られる多くの知識、経験や感動を後進に伝えるだけでなく、私が率いる心臓血管外科全体の協力体制や、駅伝チームのようなたすきリレーで患者《かんじゃ》さんを回復に導く診療《しんりょう》の連携《れんけい》体制を他の施《し》設《せつ》が取り入れてくれたら、と願うばかりです。

多くの患者さんのため、手術を通じて「仁《じん》」という思いやりの心を届《とど》けたいと思います。それと同時に、若手に対しより濃厚《のうこう》な教育をして、日本の医《い》療《りょう》のレベルアップに貢献《こうけん》できるよう頑張《がんば》っていきたいです。

第5章

これからを生きる君へ

大切な「生活の知恵」に目をとめてみよう

生きていくうえで大切な教えはたくさんあります。中でも「生活の知恵」は多くの人をうなずかせます。

生活の知恵は、時代の変化とともに変わってきてはいますが、仕事や世代ごとに異《こと》なる知恵もありそうです。

私《わたし》が診療《しんりょう》してきた経験から得た生活の知恵を少し紹介してみたいと思います。

みなさんが医療《いりょう》機関を訪《おと》ずれると、診察を受けるまで多少待たされるのは誰《だれ》もが経験済《けいけんず》みでしょう。急に発症《はっしょう》した強い痛《いた》みやふき出る血、意識ももうろうとするような不安定な状況《じょうきょう》でない限り、順番通り診察《しんさつ》を待たなければなりません。

その間、「イライラして待つ」「仕方がないとあきらめてまどろむ」「読書や音楽で気をまぎらわせる」というのが一般的《いっぱんてき》かもしれませんが、この時間を有効に使うこともできます。医療機関を受診《じゅしん》するまでの経緯《けいい》や、症状が悪化したきっかけ、思い当たる原因などをできるだけ記憶《きおく》から呼《よ》び起《お》こし、大切なことはアクセントをつけて医師に伝える準備ができれば、大変有意義《ゆういぎ》な時間になります。まさに、待ち時間における生活の知恵といえます。

最近は電子化したカルテが普及《ふきゅう》し、紙のカルテを使っていたころに比べて医師が瞬時《しゅんじ》に大量の診療情報を確認《かくにん》できるようになりました。「患者《かんじゃ》をみるよりコンピューターの画面を見ている時間のほうが長い」とからかわれることもあります。

けれども、患者さんを多く受け持つ医師ほど注意していて、患者さんが強く訴《うった》えたり、時間や状況を正確に覚えていたりする症状《しょうじょう》を取《と》り払《はら》ってあげようと考えているものです。特に、ずっと悩《なや》んできた症状について、意をけっして医療機関を受診する人は、ぜひ待ち時間を活用してほしいと思います。

また、四季の明瞭《めいりょう》な日本には「衣替《ころもが》え」があります。これも生活の知恵といえるでしょう。最近では、地球温暖化《おんだんか》防止という大きな目標に向けて「クールビズ」も登場していますが、日本では梅雨《つゆ》明けの時期に完全に夏服に切《き》り替《か》わるというのが普通《ふつう》です。

病気によっては、この時期に「薬の衣替え」をするとよい人がいます。高血圧の患者さんです。

すべての人というわけではありませんが、気温が上がり、体温調節のために汗《あせ》を流す時間が長くなると、寒い時期は良好に管理されていた血圧が下がり過ぎてしまうことがあります。そのため、高血圧の薬を少し弱めのものに変更《へんこう》するとか、量を半分にするなどの対応が必要になるのです。

高血圧の患者さんには、夏服への衣替えの時期には、朝夕に自分で血圧をこまめに測定し、自分自身で感じるふらつきや立ちくらみなど、血圧の低下と関係する症状を確認することが大切だとお話ししています。もちろん、肌《はだ》寒くなり、コートが必要になる時期に薬を元に戻《もど》すことについても、同じような対応が必要なことは言うまでもありません。

健康管理の生活の知恵として気にとめてほしいと思います。

生きるうえで大切な「生活の知恵」を大切にしましょう。病院の待ち時間も、医師に症状を伝えるための準備期間と思えば有意義です。季節の変化に応じて薬の量を調整する「薬の衣替え」もいいでしょう。みなさんも、生活の知恵を工夫してみてはいかがでしょうか。

本物を見て聞けば、覚悟《かくご》が定まってくる

高校野球の地方大会が各地で始まる夏の時期を迎《むか》えると、当時高校生だった2人の患者《かんじゃ》さんのことをいつも思い出します。

1人は数年前、サッカー部でのランニング中に倒《たお》れ、自動体外式除細動器《じどうたいがいしきじょさいどうき》（AED）で救命された高校2年生です。

心臓《しんぞう》の栄養血管である冠動脈《かんどうみゃく》を検査すると、通常とは異《こと》なり、全身と肺《はい》に血液を送る大動脈と肺動脈との間から冠動脈が分岐《ぶんき》していて、激《はげ》しく運動すると、冠動脈の血流が途絶《とぜつ》しかねない危険《きけん》な状態に陥《おちい》っていました。つまり、運動が極端《きょくたん》に制限される心臓だったのです。

その後、部活動を続けるには手術が必要だったため、私《わたし》の病院にやってきました。解決法としては、心臓を止めないで冠動脈にバイパスを形成する手術か、心臓を止めて異常《いじょう》な位置にある冠動脈の出口を作り替《か》える手術が考えられました。

バイパス手術は、心臓を止めず、手術する部位も心臓の表面でよく見えるため、安全性は高いです。一方、出口の作り替えは心停止で負荷が大きいうえ、手術部位が見えにくく、術後に出血すると命取りになりかねません。さらに、近くにある大動脈弁の直上を切《き》り抜《ぬ》くため、大動脈弁で逆流が起こり、別の病気を引き起こす可能性もあります。

しかし、私は一見難《むずか》しそうに思える冠動脈の出口の作り替えを勧《すす》めました。理由は簡単《かんたん》。精密《せいみつ》な診断《しんだん》と正確な手術によって、健常者と同じ状態にまで修復ができるからです。危険性こそ高かったですが、手術は成功し、全国大会を目指すサッカー部員に戻《もど》ることができました。

もう1人は、やはり冠動脈に異常があった高校2年生です。小児期に発《はっ》症《しょう》した難病《なんびょう》の川崎《かわさき》病が原因で冠動脈にこぶや狭窄《きょうさく》ができ、血流障害《しょうがい》が起きていました。この患者さんは、こぶが一番の問題でした。経験的にこぶを直接手術することが長期的な改善《かいぜん》にはつながらないことを知っていたため、別の血管でこぶの部分にバイパスを形成する手術を、心臓を止めずに行いました。この患者さんも間もなく退院し、元の生活に復帰できました。

手術から5年がたったある日のことです。ある医学生から手術見学の申《もう》しこみがあり、手術室でお互《たが》い自己紹介《じこしょうかい》すると、なんとその患者さんでした。受験勉強を頑張《がんば》り、地方大学の医学部に進学。医学的な知識を身に着けた元元患者さんは、自分の手術がどのように行われたのか知りたくて、見学を希望したとのことでした。元気そうな様子に安心しただけでなく、医師への道を選んでくれたことを大変うれしく思いました。

２０１５年から夏休みの高校生対象の手術見学を始めました。自分自身が受けた医療体験も医師を目指すきっかけとしては十分ですが、実際の手術現場を見て、医師となる覚悟《かくご》を強くしてほしいとの願いからでした。夏がくるたび、２人が元気に活躍《かつやく》してくれる日がくるまで、現役の外科医で頑張っていたいと意を強くするのです。

経験は人を育てます。たとえ経験がなくとも、本物を見たり、聞いたりすることでも成長できますし、覚悟も定まります。私が高校生を対象に手術見学を始めたのもそのためです。みなさんも休みなどを利用して、ぜひ本物に触《ふ》れてみてください。

若いうちから海外を見てほしい

以前、夏休みを利用して、ベトナムのハノイにある四つの病院を2泊《はく》3日で医療《いりょう》視察《しさつ》したことがありました。

ベトナム北部のハノイは、沖縄《おきなわ》よりもはるか南方にありますが、海流の影響《えいきょう》からか、8月は東京よりも過ごしやすいようです。食品の味付けや嗜好《しこう》は、香辛料《こうしんりょう》の強いものを好む中国やインドの人たちとは異《こと》なり、日本人向きでした。また、フランス植民地時代のなごりもあって、パンはおいしいものが手に入り、快適な時間を過ごすことができました。

さて、今回のベトナム訪問《ほうもん》は、以前に要人を手術して健康を取《と》り戻《もど》したことが縁《えん》となり、ベトナム国内で同じ結果を出せる手術が可能かどうか、病院を見学してほしいと依頼《いらい》を受けたからです。

ベトナムは、心臓《しんぞう》手術が多い病院で１年に６００～１０００例程度実施《じっし》されていますが、75歳《さい》以上の高齢者《こうれいしゃ》が受けることはそれほど多くありません。特に、その世代で心臓手術を受けるのは政府の元要人や富裕層《ふゆうそう》であるため、これまではシンガポールやオーストラリアなどの病院へ行くことが多かったようです。

ハノイの視察３カ月前に、欧米《おうべい》の先進医療が普及《ふきゅう》しているインドの医療を見てきたばかりだったので、ベトナムがどう違《ちが》うのか、日本や私がどうかかわれば互《たが》いによい効果をもたらすか興味がありました。

四つの病院のうち、三つの病院は１８８７～１９４５年のフランス植民地時代に建築されたもので、医療レベルもさまざまでした。そのうち二つの病院は米国との戦争で爆撃《ばくげき》の被害《ひがい》を免《まぬか》れましたが、爆撃を受けた一つの病院では新旧の建物が混在しているのが印象的でした。

政府が運営する国立病院は、病床《びょうしょう》数1500〜2500と大規模《だいきぼ》でした。しかし、感染対策《かんせんたいさく》や機能面で国際水準に達しておらず、まるで日本の40年前のようなレベルの施設《しせつ》でした。手術室の医療機器や放射線診断装置《ほうしゃしんだんそうち》は最新の機器がある一方、患者の血流を管理するための薬剤《やくざい》も不足していて、リスクの高い手術では手術後の患者《かんじゃ》さんの管理が難《むずか》しいと感じました。

最後に訪問した民間病院は500床規模《しょうきぼ》で機能的でした。ただし、政府が管理する病院と民間資本の病院の患者さんの負担《ふたん》を比べると、民間のほうが3倍も高額で、このことが多くの社会問題を生んでいるということでした。

今回の病院訪問から、ベトナムでは「早い」「安い」「うまい」心臓外科の手術を実現する医療水準へ向上させることが、国民にとって有益ではないかと実感しました。それには、日本とインドで学んだ「すべての必要な患者に必要な医療を提供《ていきょう》する」という姿勢《しせい》を、医師をはじめ医療従事者《じゅうじしゃ》に徹底《てってい》させることが大切です。

医師らへの教育が課題ですが、若《わか》いころ専門《せんもん》分野の研修にひたむきだった気持ちを思い出し、ベトナムの医療に貢献《こうけん》できるという手応《てごた》えも感じた訪問でした。

ベトナム視察を通じて、海外にはまだ医療体制がきちんと整備されていない国があることを肌《はだ》で実感しました。医療の水準を上げるため、日本人が貢献できることもたくさんあります。若い人たちも、一度海外に目を向けてみてはどうでしょうか。

私《わたし》を奮《ふる》い立たせてくれた ある患者《かんじゃ》さんのこと

毎年、夏になると診察《しんさつ》室で会うことを約束している患者《かんじゃ》さんがいます。その患者さんを診察し、良好に機能する心臓《しんぞう》を前にして思うところがあります。手術は計2回行い、今でも心臓外科医として忘《わす》れられない手術となっています。

以前勤務《きんむ》していた病院での出来事です。亡《な》くなられた方が善意《ぜんい》で提供《ていきょう》し、凍結保存《とうけつほぞん》していた心臓弁の一つである大動脈弁《だいどうみゃくべん》を、同じ大動脈弁に問題があるある別の患者さんに移植する手術をしました。

当時、海外の医療施設《いりょうしせつ》では同じような手術を数多く実施《じっし》しており、長期にわたる治療成績も素晴らしいものがありました。治療に使っていた人工弁のデメリットを補《おぎな》うどころか、移植した凍結保存弁の細胞《さいぼう》が「生きた」状態で機能していたとの報告に、後押《あとお》しされたのです。

しかも、大動脈弁を構築する細胞は免疫《めんえき》に関与《かんよ》しない細胞なので、拒絶《きょぜつ》反応がほとんど起きません。目の角膜《かくまく》移植のような画期的な部分臓器《ぞうき》移植なのです。いろいろと調べると、この凍結保存弁が英国の臓器センターになっている病院から空輸代金だけで提供《ていきょう》してもらえることが判明し、その2年後に欧州《おうしゅう》以外への提供が制限されるまで、合計12人の患者さんに施術《せじゅつ》しました。

現在であれば、院内の倫理《りんり》委員会から承認《しょうにん》を得たうえで、厳重《げんじゅう》なインフォームドコンセント（十分な説明に基づく同意）を行って手術を行うという手続きを踏《ふ》みますが、当時は患者さんの希望を優先することで手続きを簡《かん》略化《りゃくか》して、移植手術することが許されていました。

しかし、その結果、11人の患者さんに、手術後数年程度という早期も含《ふく》め、起こりにくいとされる弁の感染《かんせん》や破壊《はかい》による機能不全が起こり、再手術を行うことになりました。

同時期に同じような効果を期待して行った市販《しはん》の生体弁でも再手術は避《さ》けられなかったのですが、たった1例だけ今も問題なく機能する弁を体に埋《う》めこんでいるのが冒頭《ぼうとう》の患者さんなのです。この患者さんに移植した弁は10代というきわめて若《わか》いドナー（臓器提供者）から得られたもので、よい長期成績を生む最大の要因と合致《がっち》していました。

2度目の別の心臓弁である僧帽弁《そうぼうべん》を手術した際、移植された弁が元からある自分の弁のように生着していることが観察されたほか、別の弁に再び置き換《か》えることを避《さ》けたのも、今となってはよい判断だったと考えています。このときは、1度目の手術から悩《なや》まされ続けていた心房細動《しんぼうさいどう》という不整脈に対する処置《しょち》も同時に行い、現在、患者さんはすこぶる元気な状態で過ごされています。

英国から贈《おく》られた12例の善意《ぜんい》は、すべてが最良の結果として患者さんの治療に反映《はんえい》されませんでした。それでも1例の結実した「結晶《けっしょう》」は今も確実に残っていて、毎年夏になると当時の苦労や悩んだことを思い出させてくれます。と同時に、この領域《りょういき》の手術に対し、新たな意気《いき》ごみがわいてくるのです。

医師ならば、過去を振《ふ》り返《かえ》ると、自らを奮《ふる》い立たせてくれる患者さんに出会った経験がいくつもあるはずです。私にとって、凍結保存弁移植の患者さんもその一人です。それは、医学の世界に限りません。若いみなさんも、さまざまな出会いを大切にしてください。

よい環境《かんきょう》は自分の味方になってくれる

2016年4月、順天堂医院の院長となってから半年が過ぎたころです。副院長を2年4カ月間務めたときと違《ちが》っていろいろ変化があり、周囲に迷惑《めいわく》をかけたこともありました。責任《せきにん》の重い院長職のため、大学や医学部の年中行事に参加しなければならず、丸一日診療《しんりょう》から離《はな》れ、心臓《しんぞう》外科医の生活の中心だったはずの手術室が遠く感じる経験もしました。

前に所属していた心臓血管外科は、病院、とりわけ手術室の中心的な診療科でした。「手術室が静かになって刺激《しげき》がなくなった」などと関係者から寂《さび》しさを訴《うった》える声も聞かれました。

ジリジリとした焦《あせ》りの気持ちも感じ、「このまま心臓外科医を辞《や》めるわけにはいかない」と思い、会議の開始時間を早朝や夕刻《ゆうこく》に変更《へんこう》。院長と心臓血管外科医を１００％ずつ、計２００％の力を出してひた走ることにしました。

朝は5時過ぎから体を覚醒《かくせい》させ、早いときには7時から会議や院内の面会を済《す》ませます。続いて、病棟《びょうとう》にいる患者《かんじゃ》さんの経過を確認《かくにん》した後に手術室へ。さらに日中や夕方に行われる診療に関係する会議や教授会などに参加。院長としての報告を行い手術室に戻《もど》り、１日に２～３例を執刀《しっとう》しました。夜までかかる手術もありましたが、手術前の状態が不良な患者さん以外はほとんどの手術で無事に退院まで見届《みとど》けられて、大変うれしく思っています。

また、このことが院長として重い職責《しょくせき》を果たしていくうえでも大きな励《はげ》みになっています。夜になると外出しての食事のお付き合いや教育講演などもできるだけ断らずに引き受け、病院で寝泊《ねと》まりする日々でした。結果として、半年で約200例の手術を執刀《しっとう》したり、指導したりしたのに加えて、インドとベトナムの病院見学も行い、自らと医局員の国際貢献《こうけん》をどうするかも具体化できるところまで来られたのは大きな収穫《しゅうかく》でした。

これまでを振《ふ》り返《かえ》ると、院長としての自己《じこ》採点は80点くらいでしょうか。しかし、残りの20点を十分に埋《う》め合わせる大きな宝《たから》も手に入れています。2016年10月から本格稼働《かどう》した手術室と新病棟《びょうとう》への移転です。手術室は新しく、血管撮影装置《さつえいそうち》を取り付けたハイブリッド室を加え、計3部屋が同時に手術できる体制になりました。医療《いりょう》安全の観点からもこれまで以上に高い監視《かんし》体制を備え、チーム医療のさらなる強化が見こまれています。

すでに数例の緊急《きんきゅう》手術を行い、重症《じゅうしょう》の患者さんの命も救えました。国民総医療費が40兆円以上という現状の中、極めて責任の重い大学病院の院長として職責を果たすために、新しい手術環境《かんきょう》が強い味方になってくれると信じて疑《うたが》いません。

医療は日々進歩しています。それに伴《ともな》い、医療安全を向上させるためにも、監視体制の整った新しい手術室や最新の医療機器は心強い味方となってくれます。すぐれた環境が、自分の力を１００％にも、２００％にもしてくれるのです。

最初からベストを尽《つ》くせば、教科書では得られない経験が積める

2002年7月1日に順天堂大学に着任し、心臓《しんぞう》血管外科医としての業務がスタートしました。

その後、体制を立て直し、思い通りに手術ができるようになるまで約1年かかりました。前任者の退官で生まれた空白期間によって、患者《かんじゃ》さんの安全を守る環境《かんきょう》もほころんでいたのです。

前を見る余裕《よゆう》が出始めた翌年《よくねん》、1人の患者さんが病院を訪《おとず》れました。最近では多くなりましたが、心臓の出口に当たる大動脈弁《だいどうみゃくべん》が硬《かた》く狭《せま》くなって、動くと息苦しくなり、突然死《とつぜんし》さえ引き起こしかねない怖《こわ》い病気の「大動脈弁

狭窄症《きょうさくしょう》」でした。患者さんは遺伝的《いでんてき》に血液中のコレステロール値《ち》が異常《いじょう》に高く、若くして動脈の硬化《こうか》が進み、石灰《せっかい》が沈着《ちんちゃく》して弁の開閉《かいへい》に障害《しょうがい》をきたしていたのです。

来院の翌月《よくげつ》に行われた手術は、患者さんの希望もあって、牛の心膜《まく》を加工して作製した生体弁を代わりに使う人工弁置換《ちかん》術でした。生体弁の寿命《じゅみょう》は約15年。患者さんの年齢《ねんれい》は、当時はまだ50代だったため、将来的《しょうらいてき》に再手術の可能性があることをていねいに伝えました。

金属でできた長持ちする別のタイプの人工弁は、血液をサラサラにする抗凝固剤《ぎょうこざい》をずっと服用し続けなければなりません。その患者さんは薬を飲み続ける自信がなかったため、再手術の可能性がある生体弁を選びました。

手術は成功し、その後は順調に回復しました。しかし、約13年が過ぎて、生体弁が劣化《れっか》し、再び硬化して弁の開閉に障害をきたすようになっていました。少し早い再手術のような気もしますが、「よく持った」というのが正直な印象でした。体質的にコレステロール値が高い患者では、生体弁の硬化が早く進むという報告があったからです。

手術前に患者さんに話を聞くと、「必ず毎日飲まなければならない薬に縛《しば》られることがなかったので、10年以上快適に過ごすことができた」「再手術でも生体弁をお願いします」とのことでした。

初回の手術で大きめのサイズの人工弁を植《う》えこんだのと、将来的に再手術があるということを意識しながら初回の手術をしていたので、再手術は容易《ようい》でした。大動脈弁の手前にある僧帽弁《そうぼうべん》の形成術と、肥大した心臓の筋肉《きんにく》を削《けず》り取りつつ、血液を体の末端《まったん》に送り出す負担《ふたん》を軽減する手術も同時に行えました。

この患者さんの手術を通じて教えられたことがいくつかあります。

まず初回の治療《ちりょう》でベストを尽《つ》くせば、患者さんが望む経過を予想通り獲《かく》得《とく》でき、後の再手術でも制約なく治療できるようになるということです。患者さんの希望に沿《そ》えば、教科書では得られないような経験を積むことができます。よい手術をすれば、医療《いりょう》技術の進歩や、治療材料の改良を目《ま》の当たりにすることもできるのです。

最初からベストを尽くせば、さらなる高みに到達《とうたつ》できます。みなさんもこれからさまざまな出会いがあるでしょう。聞く耳を持ちながら、相手に寄《よ》り添《そ》い、最善《さいぜん》を尽くしてください。見えてくる世界が違《ちが》うはずです。

インドのシェティ先生が教えてくれたリーダーに大切なこと

2016年は、私《わたし》にとって忘《わす》れられない年となりました。1月には、病院が一丸となって業務改善《かいぜん》に努めた国際認証《にんしょう》（JCI）の正式取得が決定しました。当時、医療《いりょう》安全部門の担当《たんとう》副院長だった私としては喜びも人一倍でした。

そこからは本当に駆《か》け足でした。その後、院長となりましたが、副院長時代とは比べものにならない責任《せきにん》の重さ、病院と大学双方《そうほう》の行事に出席しなければならないなど多くの業務が重なり、とまどうことばかりでした。

「外科医としてまだまだやれるはず」「いや、手術は次世代の若者たちに委《ゆだ》ねて、院長として病院を引っ張っていくことに専念《せんねん》すべきではないか」と気持ちが大きく揺《ゆ》れ動いたこともありました。手術現場に立つ第一線の心臓《しんぞう》外科医が大学病院の院長を務めること自体前代未聞だったのです。

そんなとき、私を励《はげ》ましてくれたのは、はるばる遠くから病院の外来にやって来た患者《かんじゃ》さんや私の講演会に来てくれた聴衆《ちょうしゅう》のみなさんでした。「先生、手術してくれますよね」「これからも手術頑張《がんば》ってください」「期待してますよ、先生」。こう言って強く握《にぎ》ってこられた手のぬくもりが、私にある思いを強くさせたのです。

「まだ辞《や》めるわけにはいかない。頑張らなければ、この人たちのためにも」と。

外科医と院長両方をそれぞれ１００％できるところまで続けようと意思を固めたのは５月の２度目のインド訪問《ほうもん》でした。きっかけはインドで自国民のために質の高い医療を公平に提供《ていきょう》しようと頑張っているシェティ先生です。

はじめて訪《おとず》れたとき、彼がノーベル平和賞受賞者のマザー・テレサの主治医だったことを知り、彼も私が天皇陛下《てんのうへいか》の執刀《しっとう》医だったことを知って意気投合し、尊敬《そんけい》し合える仲になりました。そして今回、院長の彼《かれ》が先頭に立ち、患者のためにすべてをささげている姿《すがた》を見て強く心を打たれたのです。職員も彼を支え、患者さんと病院をよくしようと、全職員が一丸となっている様子を目《ま》の当たりにして、私の覚悟《かくご》が定まりました。

9月に心臓血管手術を行う「ハートセンター」を新病棟《びょうとう》に移転できたことも忘《わす》れられません。

病院には、病棟だけでなく、大型の検査や治療のための機器、手術室、外来などもあって、診療《しんりょう》に支障《ししょう》をきたさぬよう綿密《めんみつ》な計画を立て、移転しなければなりません。もちろん、患者さんの安全第一です。職員が全力で協力してくれたので、幸いトラブルもなく、日常診療を継続《けいぞく》できました。他を思いやる心「仁《じん》」と「不断前進」という順天堂の学是《がくぜ》と理念が見事に成し遂《と》げた結果だと、職員に感謝しています。

新しい手術室では、緊急《きんきゅう》対応もスムーズにできるようになり、危《あや》ういところで救命できた患者さんも増えました。シェティ先生のような病院作りに近づけたかと、手応《てごた》えも感じています。

大学病院としての使命を果たすことはもちろんです。それだけでなく、地《ち》域《いき》医療を担《にな》う中核《ちゅうかく》病院としての役割《やくわり》を果たし、今後もより成熟《せいじゅく》した医療機関へと仕上げていけたらと意を強くした次第です。

シェティ先生は、リーダーが毅然《きぜん》とした態度でお手本を示すことの大切さを教えてくれました。私も院長と外科医の仕事を１００％ずつ全力で取り組み、新病院移転では職員みんなが協力してくれました。リーダーの姿勢とは、組織にとってそれほど大事なのです。

夢を実現するには、自分の得意分野を生かして地道に努力しよう

人生において、失敗しないことなんてまずありません。それでも夢をかなえるには、コツコツ努力するしかないと思っています。

私《わたし》もたくさんの挫折《ざせつ》を経験してきました。高校受験では目指した第1志望校に合格することはできませんでした。高校も、古文と漢文が落第《らくだい》になったのですが、ギリギリのところで卒業させていただきました。大学の医学部には受験を3度失敗しています。さらに、医学部を卒業して研修医になるとき、第1志望の民間病院に受け入れを断られています。

ただ、このような経験が無駄《むだ》になること決してありません。むしろ、苦い、

つらい経験を積み重ねることで、二度と同じ思いをしたくないことから、与えられた課題、目指すべき目標について、努力するクセが着いたように思います。

人生において、挫折したり、紆余曲折《うよきょくせつ》したりする経験は、結果的には自分にとってプラスになっています。こう思えるのも、今の私の人生がよかったと振《ふ》り返《かえ》られるからです。そうでなければ、過去の苦い経験を「よかった」と思える人はまずいないでしょう。

最近、受験生らが私のことを「多浪《たろう》の星」とか、「3年浪人《ろうにん》すれば天野先生みたいになれる」などと言っているように聞きますが、それはまったく違うと思います。確かに私は、大学受験に3度失敗した後、医学部に入学しています。しかし、大学では医師になることを目指し、ひたすら勉学に励《はげ》みました。大学卒業後は大学病院でなく、臨床《りんしょう》経験の積める民間病院を選んで腕を磨《みが》いたことで、国内でも最多に近い手術件数をこなし、ほぼ100％の成功率を誇る心臓《しんぞう》外科医になることができました。2012年には心臓病を患《わずら》われた天皇陛下《てんのうへいか》の手術の執刀《しっとう》までさせていただきました。医師としては成功した部類に入ることでしょう。だからこそ、過去の経験をバラ色に変えることができると思うのです。今が大事なのです。

大学医学部は学生さんの間でとても人気があり、依然《いぜん》として「狭《せま》き門」です。簡単《かんたん》に入学することはできません。医師を志す大勢の受験生が失敗を経験することでしょう。ただ、うまく結果が出ないからといって、あきらめてもいいのでしょうか。

受験勉強はつらいかもしれません。ただ、あきらめないでほしいと思います。あきらめたらダメです。失敗しても、もう1回、チャレンジしてほしいと思うのです。

もちろん、これは大学医学部の受験に限った話ではありません。目指すべき道は、人それぞれです。生きていくうえで、紆余曲折し、いろいろな挫折にぶち当たることでしょう。失敗も多く経験します。そのとき、簡単にあきらめていいのかという問いかけなのです。夢をかなえようとする熱量が、その後の人生を左右するのです。

では、目標に近づくためには、どうしたらいいのでしょうか。結局、自分が得意と思うところのもので、たとえて言えば、「ノミ」と「ハンマー」のようにコツコツたたいていくしかありません。都合のいい特効薬《とっこうやく》のようなものなんてないのです。

苦しくなったら、私を思い出してください。そして、あきらめないでください。夢を実現するには、自分の得意分野を生かしつつ、地道に努力するしかありません。成功は、その先にしかないと思います。

「まずやる、すぐやる」精神を持とう。最初にひらめいたことをどんどんやろう

前にも述べましたが、受験に打ち勝つのに身に着けておくとよい習慣《しゅうかん》が二つあります。「まずやる」、そして「すぐやる」です。

「まずやる」とは、苦手な教科から勉強にとりかかる、ということです。

苦手な教科だと、なかなか頭に入りません。苦手なだけに、後回しにしがちです。そんなことを繰《く》り返《かえ》していると、次第に苦手科目をやらなくなります。

もちろん、苦手だけあって、最初にとりかかるのはとても苦痛《くつう》なことではあります。しかし、「次の科目に進めない」というノルマみたいなものを自分に課せば、必然的に苦手科目から手を付けることになります。これでもう

逃《に》げられません。やらなくなることもまずないでしょう。

次に、「すぐやる」とは、帰宅後、いすに座《すわ》ったら脇目《わきめ》も振《ふ》らず、とにかく勉強をすぐに始めるということです。

学校から帰ってからも、勉強以外の誘惑《ゆうわく》はいろいろあります。最近では、スマートフォンを持っている学生さんは多いでしょう。友だちから送られてくるメールやＬＩＮＥのメッセージが気になったりすれば、すぐに返信したくもなります。おなかが空《す》けば、勉強前にちょっとでもおやつを食べたくなります。

しかし、それではいつまでたっても勉強に集中できません。時間ばかりがいたずらに過ぎてしまいます。だから、いすに座ったらすぐに勉強にとりかかるよう習慣づけることが大切です。他のことは、勉強が終わった後でやればいいのです。

この二つの習慣が大切だと気づいたのは、実は後になってのことです。中学生になると、英語など学ぶべき科目数がかなり増えていきます。単純《たんじゅん》な暗記科目も増えます。どちらかというと、私《わたし》はこうした暗記科目は苦手で、つい後回しにしていました。もちろん、この二つの習慣は、受験勉強だけに効果があるわけではありません。

私が手がける心臓《しんぞう》外科手術でも、迷わず入った手術のほうがよい結果が出ていると思います。途中《とちゅう》で後戻《あともど》りすることも少ないと感じています。

スポーツの世界も同じです。野球の打者でも、プロとかメジャーリーグで活躍している選手ほど、構えたらすぐに打つことを実践《じっせん》している気がします。スポーツも勉強も同じなのです。

私が勤《つと》めている順天堂医院の心臓血管外科の医局にいた東大医学部出身の医師も、子どものころは帰宅《きたく》すればすぐに受験勉強にとりかかっていたといいます。そんな彼《かれ》らは、英文で書かれた海外製品の説明書をまとめてほしいとお願いすれば、すぐにとりかかって仕上げてくれます。やはり、できる人は、こうした習慣を自然と身に着けているようです。

私も手術は迷うことなく、すぐにとりかかるようにしています。手術がうまくなったのも、間違《まちが》いなくこの二つの習慣のおかげだと、今では確信しています。せっかく、ひらめいたことをそのままにしていると、「あれ、何だったっけ」となります。

「あのとき、もっといい考えが浮《う》かんだけど」と悔《く》やんでも、後悔先《こうかいさき》に立たず、です。

最初にひらめいたことを、とにかくどんどんやっていくことが大切です。表現していくことが大事なのです。

「まずやる」「すぐやる」。みなさんもぜひ、実践してみてください。

「負けず嫌《ぎら》い」な自分でいよう。人を熱狂《ねっきょう》させるような気概《きがい》を持とう

「このフィールドに立ったからには、絶対に自分のものにしてみせる」。若《わか》い人たちには、そんな気概《きがい》をいつまでも持ち続けていてほしいと思っています。

私《わたし》は大学の医学部に入学するまでに3回受験に失敗しています。しかし、自分ほど医師に向いている人間は他にいないとも思っていました。人一倍、医師になることに情熱を燃やしていましたし、負けず嫌《ぎら》いだったこともあります。

「絶対に医師になる」。高い壁《かべ》にぶち当たりながらも、そんな強い信念で受

験に臨《のぞ》んだからこそ突破《とっぱ》できたと思います。

それに、昔に比べれば人生のやり直しはいくらでもききます。失敗を恐《おそ》れず、物おじせず、どんどんぶつかってください。

今の時代、「赤信号、みんなで渡《わた》れば怖《こわ》くない」みたいな、同調圧力というか、そんな考えが広まっているようで、少なからず危機《きき》感を持っています。そんなことでは、決して人々を熱狂《ねっきょう》させるような「ロマンス」は生まれません。

「世界中のみんながあなたの敵だったとしても、私だけはあなたの味方です」。そんな口説《くど》き文句《もんく》も出てきません。

大勢の人たちに共通したほうにばかり向いていたらだめです。時には、そうした最大公約数的なものにあえて背《せ》を向ける勇気も必要なのです。

また、医師を目指す人たちに言いたいのは、「使命感」を持ってほしいということです。

3度の受験の失敗をへて、念願《ねんがん》かなって医学部に入学したとき、私は自分が入学することで、医学部に入りたくても入れなかった人たちのことを思わないわけにはいきませんでした。

考えてもみてください。試験の合格率が20倍だったとします。20人いて、合格できるのはたった1人しかいないのです。しかし、受験に失敗した人たちは、私同様、医学部への強い思いをみんな持って試験に臨んでいたはずなのです。

「選ばれたからには、受験に落ちた彼らの思いを全部背負《せお》って生きていかなければならない」

医師になりたい自分が、受験を何度も失敗してきたからこそ、そんな使命感を持たずにはいられませんでした。

受験に失敗した人たちの分まで徳を積んで医師の道を歩まなければならな

い――。そう決意したのです。

私が順天堂医院の院長でありながら、心臓《しんぞう》外科医として手術を続け、病に苦しむ多くの患者さんを救うことをやめなかったのも、そんな理由《わけ》があったからなのです。

医学部の入学が決定し、医師になって世の中の人たちの役に立ちたいと思うようになってから40年あまりが過ぎました。医師を志しながらあきらめざるを得なかった人もいるでしょう。

そんな彼らの分まで、きちんとその責務《せきむ》を果たせているのだろうか。自問自答する日々が今も続いています。

「かっこつける」は「片《かた》を付ける」。片を付けないと、次を見据《す》えられない

「かっこつける」こととは、向き合うべき課題に対して「片《かた》を付ける」ことであります。

大学受験のとき、私《わたし》は医学部を目指すことを親だけでなく、友だちなど周囲の人たちに公言していました。「医学部に行くぞ」と、かっこつけていたのです。

もちろん、ただ単に医学部がかっこいいから目指していたわけではありません。

医師を意識するようになったのは、私がまだ子どものころ、心臓《しんぞう》病の父の

治療《ちりょう》のため叔父《おじ》が院長を務《つと》める病院に行ったときです。

父の診察《しんさつ》が終わるのを待っていた院長室では、歴代の院長が使っていた聴診器《ちょうしんき》やメスなどがガラスケースに入れられ、飾《かざ》られていました。はじめて見る本物の医療《いりょう》用具を見て、漠然《ばくぜん》とですが医師へのあこがれを持つようになったのです。

それに、心臓病だった父の影響《えいきょう》もあります。父が心臓手術を受けて劇的《げきてき》に回復する姿《すがた》を見て、医療のすごさを目《ま》の当たりにしました。

「私の手で、いつか父の病気を治してあげたい」

そう思ったのも、医師を志したきっかけの一つです。

だから、1度や2度、受験に落ちたからといって、今さら「医学部に行かない」なんてとても言えませんでした。

とにかく、試験に合格して医学部に入り、一区切りつけなければ、前に進めなかったのです。

私にとって、かっこつけることは、片を付けることでもあったのです。

この「片を付ける」ために、私は必ず「ビジョン」を持つようにしています。ビジョンを達成するにはどうしたらいいか、いつも考えるようにしているのです。

そのためには、二つぐらい先の展開《てんかい》を読むよういつも心がけています。いわば、王手の連続で相手の玉を詰《つ》ませるパズルの「詰《つ》め将棋《しょうぎ》」みたいなものでしょうか。今の手をどのように進化させれば失敗せず、目指すべきビジョンに到達《とうたつ》できるのか。とにかく、これまでの経験を総動員して、先を読むことに集中するのです。

二つくらい先の展開を見据《す》えるためには、今置かれた状況《じょうきょう》について一つずつ片を付けなければなりません。

たとえば、父の病気を治すため、医学部に入って医師になり、心臓外科医として腕《うで》を磨《みが》くため、臨床《りんしょう》経験をより多く積める民間病院を選んだように、です。

みなさん、生意気に思われるかもしれませんが、ぜひかっこつける人間になってください。

そして、覚悟《かくご》を決めて、一つずつ問題や課題をきっちり片付けていってほしい。そんな人物になってほしいと、心から願っています。

どんなにつらくてもつらさはずっと続かない。「次が待っている」ことを忘《わす》れないでほしい

「人は使命感が先に立つと、心が折れない」。最近、そんなことを考えたりしています。

芸術に触《ふ》れると、心を揺《ゆ》さぶられ、涙《なみだ》を流すことがあります。

昨年末、ＮＨＫの歳末《さいまつ》助け合いで、「花は咲《さ》く」という復興《ふっこう》支援《しえん》ソングが流れたとき、２０１８年に韓国《かんこく》・平昌《ピョンチャン》で開催《かいさい》された冬季五輪・パラリンピックで熱戦を繰《く》り広げたスピードスケートやフィギュアスケート、カーリングなどの感動シーンが思い出されて、涙が出て止まりませんでした。この曲は、平昌五輪のときにＮＨＫが番組で使用した曲だったのです。

芸術は、自分が忘《わす》れていた何かを解き放ってくれるのかもしれません。カラオケで歌っているときでさえ、自然と涙が出てくることがあります。精神的な、何か行き詰《づ》まっているものをドレナージ（排出《はいしゅつ》）してくれるとでもいうのでしょうか。

「自分で終わりではない、次の人たちが待ってくれている」

大学で学生らの教育に携《たずさ》わっていると、私《わたし》の意志を継《つ》いでくれる多くの後《こう》輩《はい》たちが成長し、やがて巣立っていきます。芸術に触れていると、これまであまり意識してこなかった、そんな当たり前のようなことを思い出させてくれるのかもしれません。

医療《いりょう》の現場で、自分が何とかしなければならないきわめて厳《きび》しい状況《じょうきょう》下に置かれ、強いプレッシャーにさらされながら思う通り手術がうまくいかなくても、心が折れることがないのはそのためだと思うのです。正義のヒーロー「アンパンマン」の精神というか、使命感が私を支え続けてくれるのです。

だから、若い人たちは、うまくいかなくなったりして鬱積《うっせき》したものをはき出してください。なるべく自分の中にためこまないようにしたほうがいいと思うのです。

最近、ニュースで子どもの自殺のことが取り上げられたりしています。何か救ってあげられる道はなかったのかと思い、無力感にさいなまれることもあります。

ただ、ぜひ覚えておいてほしいのは、人は死んだら「無」だということです。心臓《しんぞう》病で亡《な》くなった自分の父が、火葬場《かそうば》で骨《ほね》だけになったとき、そう実感しました。

亡くなられたご本人は、自分の魂《たましい》を残すことができたと満足に思うかもしれません。しかし、残された大勢の人たちは、その魂を決して見ることができないのです。

私にとって、「生」も「死」も、価値《かち》としては同じです。

ただし、どんなに美徳な死でも、その瞬間《しゅんかん》はたたえられるかもしれませんが、後には残りません。

だからこそ、若い人たちはどんなにつらくても、生き続けてほしいと思うのです。

悪い波があっても次の波がくる。次の波がくるのを待とう

どんなときでも、悪い「波」があれば、必ずと言っていいほどよい「波」がやってきます。慌《あわ》てず、次のチャンスをじっと待つ心掛《が》けが、とても重要なのです。

高校2年生のとき、美術の授業を取っていて、絵を描《か》く宿題が出されたことがありました。そんなとき、仲のよかった友だちから「伊豆諸島《いずしょとう》の大島に遊びに行かないか」と誘《さそ》われたので、大島に行ったついでに宿題の絵を描こうと思ったのです。

ちょうど台風がきているときでした。絵を描こうと磯《いそ》のほうに行ったので

すが、夢中になって描いていたため、高い波がきていることにまったく気づかなかったのです。

「ザブーン」。私《わたし》はスケッチブックごとやってきた大波にさらわれました。短パンにＴシャツの格好だったので、そのまま海中に体がもって行かれたのです。

このように非常に危険《きけん》な状況《じょうきょう》でしたが、意外にも頭の中は冷静でした。「こんな磯にはウツボでもいるんじゃないか」と思い浮《う》かべたりしたくらいです。なぜなのかわかりませんが、泳ぎが得意だったこともあり、そんなことを考える余裕があったのです。

大波にさらわれても、ずっと沖《おき》のほうに引き離《はな》され続《つづ》けることはありません。自分の意識があるうちに、死ぬところまで一気に引《ひ》きこまれることなんて、まずないと思うのです。

必ず引き波がゆるむ瞬間《しゅんかん》があります。「無」の瞬間とでもいいましょうか。「それを見逃《のが》さなければ、泳いで戻《もど》るチャンスが必ずある」と、私は思っていたのです。

海でおぼれかけたり、電車でつんのめりそうになったりしたのと、実は人生も同じだと思うのです。

人生は、運気が上がっていると思える「プラスの波」と、逆に下がっていると思える「マイナスの波」の間を行ったりきたりしているのです。マイナスの波にのまれてピンチに陥《おちい》ったとしても、冷静になって、しっかり準備し、対処《たいしょ》すれば、プラスのほうの波に乗れたりするのです。

人生においてプラスの波に乗るための秘訣《ひけつ》は、「あわてない」「チャンスを待つ」ことです。

みなさんも、きたるべき「次の波」をしっかりつかめるよう、冷静な目を持ってほしいと思います。

最後まで自分のやるべきことを貫《つらぬ》けば、後悔《こうかい》のない人生を送ることができる

最後に、人生を後悔《こうかい》しないためにも、若《わか》い人たちには、自分がやるべきことを貫《つらぬ》いてほしいと伝えたいと思います。

東日本大震災《だいしんさい》が起きた2011年3月11日午後2時46分、私《わたし》は順天堂医院で心臓《しんぞう》手術の真っ最中でした。実はその2日前、心臓のバイパス手術をしていたのです。そのとき、震度《しんど》4の地震《じしん》に見舞《みま》われました。そのときも結構揺《ゆ》れました。細かい作業をしているときで、ちょっと無理かなと心配しつつも、何とか乗《の》り切《き》ることができました。

しかし、東日本大震災は、そんなレベルでは到底《とうてい》ありませんでした。

はじめに、下から突《つ》き上げる大きな揺れに見舞われました。しばらくすると、今度は大きな横揺れがやってきたのです。長い時間、ゆっさゆっさと建物が揺れ続けるあの長周期地震動《じしんどう》です。

その横揺れは半端《はんぱ》なく大きかったのです。手術室で使われている照明器具の大きな無影灯《むえいとう》が揺れ続け、落ちてくるのではないかとひやひやしました。そもそも建物自体、みしっみしっと音をたてながら大きく揺れていたのです。しかし、逃《に》げるということは一切考えませんでした。もちろん、手術に参加してくれた仲間たちのことは大切です。ただ、自分が今できる最大のことは、手術して患者《かんじゃ》さんの命を守ることだと思ったのです。

引き受けたからには、絶対患者さんを心臓の病から救い出す。そう、患者さんにも誓《ちか》ったわけですから。手術を続行して、終わらせなければなりませんでした。

そんな思いになったのは、私だけではありません。手術に参加した仲間たち全員がそう思っていたと確信しています。

だから、仮に手術を続行して、私たちが命を落としたとしても、納得《なっとく》できたと思うのです。満足して死んでいけたでしょう。

地震がきたからといってジタバタして、本来やるべきことを放棄《ほうき》してバツを引くほうが、かっこ悪いと思うのです。

「自分だけ助かればそれでいい」。そんなふうに思っていると、因果応報《いんがおうほう》というか、いつか必ず報いがあるはずです。

もちろん、危機《きき》管理も大切です。たとえ傷《きず》を負うにしても、どこまでなら許容できるか、あらかじめ考えておく、判断しておくことがリーダーには求められます。

災害は誰《だれ》にでも等しくやってくるものです。そんなとき、大事なのが「しんがり」です。

しんがりとは、部隊の最後尾《さいこうび》にあって、自ら盾《たて》となり、味方の本隊を敵の追撃《ついげき》から逃がす役目です。有名なのは、関ケ原の合戦《かっせん》直後、西軍《せいぐん》に加担《かたん》していた上杉《うえすぎ》軍が、東軍《とうぐん》の最上《もがみ》氏や伊達《だて》氏らの猛追《もうつい》の中、見事にしんがりを務めた前田慶次《まえだけいじ》です。大槍《おおやり》を持って、追撃してくる最上勢を蹴散《けち》らし、味方の将兵《しょうへい》を誰一人傷つけなかったといわれています。

自分の身は大切ですが、たとえ死んでも、組織さえあれば次につながっていきます。

医療《いりょう》を提供《ていきょう》するための組織である病院を一番必要としているのは患者さんであり、国民であります。

これからも、前田慶次のような「しんがり」を務められるよう、国民のみなさんのための病院作りに尽力《じんりょく》していきたいと思っています。

おわりに

医大受験に失敗し、3浪《ろう》した私《わたし》に「よく、3回もチャレンジをする気持ちになりましたね」と驚《おどろ》く人がいます。確かに3回もなぜ？　なんで耐《た》えられたの？　と思われるのかもしれません。

でも、私にとってはこの3回のチャレンジは、さほど苦しいことではありませんでした。なぜなら、自分に「自分ほど医者にぴったりな若者はいない。だから絶対医者になるんだ。みんなに必要とされる日が絶対にくるはずだ」という信念があったからなのです。

子どものころから今まで、私は自分を嫌《きら》いになったことがありませんでした。浪人時代はマージャンに熱中しすぎて、勉強がおろそかになった時期もありましたが、それも今では貴重な経験。人生経験には決して無駄《むだ》なものは一つもないと確信して言うことができると思います。

みなさんも日々、学校や家庭でいろいろな試練に直面する機会があるでしょう。

「なんで自分はうまくできないんだ？」

「○○君、○○さんはあんなにうまくできるのに」

そんなふうに思う瞬間《しゅんかん》もたくさんあるかもしれません。

そんなときはちょっとひと呼吸《こきゅう》置いて、波が過ぎ去るのを待ってから、またチャレンジしてみてください。きっと、違《ちが》う自分になっているはずです。

私はずっとなりたかった医師になり、心臓《しんぞう》外科医として長く働いてきました。そして、多くの経験を積んだ結果、天皇陛下《てんのうへいか》の執刀《しっとう》をさせていただけるというこのうえなく素晴らしい仕事に立ち会うことができました。

みなさんには可能性があります。もし、今いる場所が窮屈《きゅうくつ》でも、生きていくうちにきっと自分がやりたいことが見つかり、自分らしく生きられる人生を歩んでいくことができるでしょう。

私の経験が少しでもみなさんの背中《せなか》を押《お》し、これからを生きるヒントになってくれたらと思います。

最後まで読んでいただき、ありがとうございました。

私もまだまだ、これからチャレンジをしていきます。

みなさんも「これから」を精いっぱい生きてください。

2019年春

天野 篤

本書は毎日新聞連載「ひたむきに生きて」（２０１５年４月２日付～２０１７年３月12日付）を書籍化にあたり、加筆・改編・改題し、まとめたものです。事実関係は連載当時に準じます。

天野 篤　あまの あつし

心臓血管外科医。順天堂大学医学部附属順天堂医院院長。1955年埼玉県生まれ。県立浦和高校卒業後、日本大学医学部に入学。1983年日本大学医学部卒業後、関東逓信病院（現 NTT 東日本関東病院）で臨床研修医になる。亀田総合病院心臓血管外科勤務、新東京病院心臓血管外科勤務を経て、2001年に昭和大学横浜北部病院循環器センターのセンター長・教授。2002年に順天堂大学医学部心臓血管外科教授。2012年2月18日、天皇陛下の心臓バイパス手術の執刀を行う。2016年に順天堂大学医学部附属順天堂医院院長に就任。「チーム・バチスタの栄光」「医龍」などの映像作品の監修も務める。

これからを生《い》きる君《きみ》へ

印刷　2019年3月10日
発行　2019年3月20日

著　　者　天野《あまの》 篤《あつし》

装丁・挿画　木村美穂（きむら工房）
撮　　影　髙橋勝視
校　　正　有賀喜久子
取材協力　河内敏康

発 行 人　黒川昭良

発 行 所　毎日新聞出版
〒102-0074
東京都千代田区九段南1-6-17
千代田会館5階
営業本部　03-6265-6941
図書第二編集部　03-6265-6746

印刷・製本　光邦

ISBN978-4-620-32573-6